U1001001

Guanli Xinlixue Anli

管理心理学案例

余利川 康玉菲 耿 明 主编

中国矿业大学出版社
·徐州·

图书在版编目(CIP)数据

管理心理学案例 / 余利川，康玉菲，耿明主编. —
徐州：中国矿业大学出版社，2021.10

ISBN 978-7-5646-3978-5

Ⅰ. ①管… Ⅱ. ①余… ②康… ③耿… Ⅲ. ①管理心理学—案例 Ⅳ. ①C93-051

中国版本图书馆CIP数据核字(2020)第204405号

书　　名　管理心理学案例
主　　编　余利川　康玉菲　耿　明
责任编辑　侯　明
出版发行　中国矿业大学出版社有限责任公司
（江苏省徐州市解放南路　邮编 221008）
营销热线　(0516)83885370　83884103
出版服务　(0516)83995789　83884920
网　　址　http://www.cumtp.com　**E-mail**:cumtpvip@cumtp.com
印　　刷　苏州市古得堡数码印刷有限公司
开　　本　787 mm×1092 mm　1/16　**印张** 13.25　**字数** 252 千字
版次印次　2021年10月第1版　2021年10月第1次印刷
定　　价　30.00元
（图书出现印装质量问题，本社负责调换）

目　录

第一章

心理与管理

案例一

从新冠肺炎疫情突发事件看企业员工心理健康管理

一、案例导读

自2019年12月在武汉陆续发现新型冠状病毒肺炎(简称“新冠肺炎”)病例以来,新冠肺炎疫情在我国多个城市快速蔓延。2020年1月29日,我国31个省(自治区、直辖市,不包括香港特别行政区、澳门特别行政区和台湾省)全部启动突发公共卫生事件一级响应,新冠肺炎成为疫情,成为公共卫生领域的危机事件。2020年1月31日凌晨,世界卫生组织(WHO)宣布新冠肺炎疫情构成“国际关注的突发公共卫生事件”。作为一个重大社会应激事件,新冠肺炎疫情不仅会给患者带来身体健康方面的损害,乃至于死亡威胁,还会给社会大众带来各种各样的心理冲击,引发个体层面的紧张、焦虑等负性情绪,乃至于一定程度群体层面的社会恐慌。为了更好地抗击疫情,我们不仅需要组织医疗专家对患者进行救治,对疑似病例进行确诊,还需要借助心理学的力量,引导人们科学应对焦虑、恐慌等不良情绪,培育积极乐观的社会心态,凝聚全社会的力量,共同战胜疫情。

二、案例正文

2020年初的新冠肺炎疫情牵动着全国人民的心。此次疫情是对举国上下行政应急能力、官员决策能力、组织行动能力、民众团结能力的一次重大考验。我们发现,在疫情发生过程中,国家卫健委采取了一系列与心理健康相关的举措,如发布肺炎疫情紧急心理危机干预指导原则,推出疫情心理疏导指南,鼓励各地设立疫情心理援助热线等,体现了国家对于疫情中国民心理健康问题的重视。从企业的角度来看,应对员工心理健康问题,推动员工心理健康建设,不仅存在于疫情之中,也是一个长期的过程。但可以预见的是,疫情过后,会有越来越多的企业将对员工的心理健康的监测与调节纳入常规工作当中。

在真真假假的疫情消息的轰炸下,非一线人员的情绪状况也令人担忧。许多人由于过度获取疫情信息,提不起精神处理工作和生活中的日常事务。中国心理学会心理危机干预工作委员会主任委员、中国科学院心理研究所研究员刘正奎提醒大家,据抗击疫情“安心行动”和“微心战疫”相关服务情况统计,约有1.8万人次完成焦虑测评,结果显示42.6%的求助者有焦虑状态;在近1.4万人次完成的抑郁测评中，约有16.6%的人有中重度抑郁倾向。

有部分人把沮丧、抑郁、强迫倾向等负面心理状态的产生归因于“还是太闲了”，他们认为，随着企业复工、生活回归正常，人们的这些情绪会自然而然地消失。但是没那么简单，职场心理健康问题并不是此次疫情的特有产物。世界著名会计师事务所德勤指出，超过八成的职场人遇到过各种心理健康问题的侵扰，烦躁、焦虑、抑郁在其中位居前三。受心理健康问题困扰的员工会有以下表现：不寻常的缺席，迟到早退现象严重；意外事件比例与次数增加，工作效率下降；无法按时完成工作，不能达到工作的要求标准；时常走神，心绪不宁；间或有举止行为异常等现象。

在2020年2月19日国务院联防联控机制新闻发布会上，中国疾控中心研究员李涛表示，因为疫情期间复工，很难避免员工出现紧张情绪，所以企业应该早做应对。在疫情防控背景下，企业要复工复产，首先要为员工做好人身安全防护，避免企业聚集性疫情感染和传播。然而，员工的心理状态是容易被忽视的，也是尤为重要的一点。经历了疫情之后，员工累积的负面心理不仅影响着个人的身心健康，不信任心理和紧张、恐慌心理也阻碍着向正常工作状态的回归。中国社会科学院社会心理研究所的一项调查显示，半数以上受调查群体存在不同程度的情绪障碍和心理问题。因此，企业在有序复工之后，要对员工的心理状态保持关注。此时此刻，心理学人便义不容辞冲在心理战疫的前线——为企业提供员工心理援助，帮助企业员工调适心理状态，激发员工的积极性与创造力，保证企业的运转活力。

一些优秀企业在干预员工心理健康问题方面做出了以下工作：

中国联通：通过互联网开展员工“线上家访”活动，每天通过钉钉或微信视频方式与员工及其家属见面，及时了解员工及其家人的生活和健康状况及困难，宣传防控知识，引导员工科学、理性认识疫情，消除不必要的恐慌情绪，确保员工及其家属思想稳定。

中煤集团：建立了疫情防控期间线上心理健康服务微信群，进行24小时值班。员工及其家属若需心理帮助，可扫码进入线上心理健康服务微信群。群里会定时分享心理健康知识，员工及其家属也可在群里进行与疫情相关的心理咨询，或与心理咨询师进行一对一心理辅导。

华为：华为在事业部的人力资源业务合作伙伴和行政人员中，抽调了一部分有心理学、社会工作、医学专业背景的人员，成立了心理危机干预队伍，投入到复工后的心理危机干预工作中。华为将需要援助的员工分为五大类，对于需要重点干预的一类及二类员工及时实施心理援助。

三、案例分析

社会突发事件是指突然发生，造成或者可能造成严重社会危害，需要采取应急处置措施予以应对的自然灾害、事故灾难、公共卫生事件和社会安全事件。从水灾到火灾，从地震到瘟疫，从战争到各种恐怖主义行为，无论是什么性质的突发事件，也无论它来自哪一个领域，都会对整个社会产生重大影响，从而使整个社会陷入一种非常状态。突发事件具有不确定性、突然性、紧急性、危害性等特征，容易给社会公众的情绪和行为造成极大的震荡和冲击。在突发事件面前，人们普遍表现出恐惧与慌乱。为了迅速有效地应对突发事件，迫切需要通过心理方面的教育提高人们应对突发事件的心理承受能力，引导人们对事件的性质有一个正确的认知和评价，从而使人们能够以冷静、科学的态度面对突发事件。

在新冠肺炎疫情这种突发事件中，企业员工的应激源由工作压力等因素转变成了对于疫情的担忧。这样的焦虑和恐慌十分常见且易于传播，企业若不予以重视并及时干预，不仅会导致消极怠工、职场人际关系恶化、行为异常等现象出现得更加频繁，而且在疫情过后，企业抗风险的能力和长期效益都将受到影响。

企业可以从短期注重解决当前问题和长期搭建防御体系这两个层面来干预员工心理健康问题。从短期来看，虽然在疫情中存在员工之间见面沟通频次降低的现实状况，但企业应投入精力来加强公司与员工之间的定期沟通，充分展现对员工的情感关怀，同时若有条件应定时监测员工的心理健康状况，并利用多种渠道为员工提供心理援助。从长期来看，同样也是大势所趋，企业内部应从管理层开始形成保护员工心理健康的强烈意识，着力培养企业心理健康人才队伍，配套员工心理健康支撑体系，在企业层面提供给员工长期的社会支持体系。企业的人力资源部门可以通过重新建立各类秩序，让员工逐渐找到控制感，恢复自我效能感。此外，建立内部的沟通机制、关怀机制、分享机制，也能让员工感受到组织的支持，提升应对信心。

四、案例拓展

对员工心理健康的关注不应局限于疫情时期，心理健康建设还应被纳入企业的常规工作中。在此次疫情发生之前，企业对于员工心理健康问题的防控不够重视，这导致在疫情发生后，企业没有足够的力量来帮助员工渡过难关。因此，此次危机过后，企业应从以下三点推动员工心理健康防御体系的建设。

（1）首先，重视员工心理，领导层要转变思路。企业领导层要了解在当前工作生活节奏明显加快、竞争日趋激烈的情况下，员工心理问题的表现和对公司的影响，刺激管理层投入资源、制定政策，推动企业员工心理防御体系的建设。

（2）其次，把心理健康建设纳入员工培训，形成体系化的教育。新员工培训及员工日常培训，也应加入员工心理防御知识的相关课程，其目的在于教育、鼓励员工重视心理健康问题，积极监测员工心理健康，提高员工寻求帮助的能力。这样做不仅可以展现公司的人文关怀，营造和谐积极的企业文化氛围，同时也可以加强员工的自我意识，防患于未然。

（3）最后，部分企业已意识到员工心理防御的重要性，建议企业建立内部心理咨询团队，由企业人力资源部门或有心理学背景的员工组成。这种方式既可以节省成本，也便于心理疏导的展开。但是，这将使得员工担心自身隐私无法受到保护。而 EAP（employee assistance program），即员工帮助计划，将消除这些隐患。EAP 项目是由企业为员工设置的一套系统的、长期的心理福利与支持项目，一般通过外部专家来实施，旨在解决员工及其家庭成员的各种心理问题，因而，在专业性和隐私性上更为完善。

五、案例思考题

1. 华为、中煤等企业干预员工心理健康问题的做法有哪些值得借鉴之处？
2. 为什么说对员工心理健康的关注不应仅局限于疫情时期？

案例二

富士康的人力危机

一、案例导读

2013年富士康科技集团在美国《财富》杂志排行榜中位列全球500强第30名，直至目前在我国大陆地区建立了30多个科技园区，拥有总数量多达120万的员工。这不仅仅是一个制造业企业的成功典型，更是一种“劳动力密集型”经济发展模式的典型。但是，这种类型企业的人力资源的运作模式不断产生各种危机。受到社会不断质疑的时候，如何调整并且转变企业的人力资源运作模式，成为一个关乎企业生死存亡的问题。郭台铭所谓的“富士者康”，代表了企业对人才与企业财富之间关系的认知理念，表达了“士”与“康”之间的对应联系。当这两者的关系发生断裂，需要重新梳理和接续关系的时候，我们应当采取何种具体的方式与手段处理？

二、案例正文

2010年，全球最大的代工企业——富士康科技集团陆续发生了14起自杀事件，造成11死4伤的惨剧，在国内外媒体上掀起了轩然大波。此事件的紧急态势引起了海峡两岸的关注。媒体与公众均以各自的方式讨论、反思这一连串的悲剧事件，纷纷对富士康员工的境遇予以高度关注，并始终在探寻导致事件发生的原因。

层层压力下的等级权威

2007年《华尔街日报》撰文，将富士康园区喻为郭台铭的“紫禁城”，园区处处都弥漫着郭台铭的个人色彩，“郭台铭语录”遍布富士康的厂房，他与政府官员的合影也被放大后悬挂在显眼处。郭台铭常常对员工说：“集体利益要高于个人利益。”而公司的管理层也往往被要求阅读由“郭台铭语录”结集而成的小册子，其中一条写道：“对任何组织而言，最重要的是领导层，而非管理层；领导者必须具备为了大众利益而充当独裁者的决断力。”富士康通过对员工等级的划分，阻隔了跨层级间员工的沟通。仅仅在车间，普通工人就受到全技员、线长、组长、课长、主管等多层管理。不同等级的员工除了在物质待遇方面有差别，就连着装和通行道路都依等级的不同进行了严格规定。例如，在廊坊的富士康园区，中高层管理人员与普通工人进出厂区时使用不同的通行道路；武汉的富士康，工人、线长、技术人员的工服都不相同，层级差别直接体现在穿着特征上。

城市化下新生代农民工的心理特点

在富士康，这些新生代农民工成为生产的中坚力量，富士康一线员工中85%是新生代农民工。这一群体与老一代农民工相比有非常显著的特点：受教育程度相对较高，对就业环境有较高的期望值，在工作中也拥有较强的自我意识，对权利、尊严更为敏感。因自身文化水平较高，新生代农民工往往对培训和继续学习抱有极高的热情。此外，同大多数当代年轻人一样，他们热衷于时尚的消费、新潮的娱乐方式，更紧密地融入城市化生活。而与这些年轻人期望相对应的，是较低的收入、较差的生活质量，以及超高强度的劳动，这给他们带来了极大的心理落差。新生代农民工所受教育与城市生活相衔接，他们具有城市的生活观念和习惯，非常希望能在城市立足，然而户籍身份的限制和较低的劳动技能使他们很难扎根城市，同时这一代农民工往往也不具备农业劳动技能，无法回到家乡务农。自己的家乡与城市都无法提供归属感，他们在高压的工作环境中容易感到孤独、焦虑。旧的社会价值、分配标准被摒弃，新的标准又没有随之建立，社会秩序的各种元素仍处于动荡状态，没有实现平衡，继而导致了极端事件的发生。

劳动模式的异化

在富士康的生产园区，劳动模式具有强烈的异化特征。其中存在的超长时间工作现象，以分时宿舍劳动体制打碎员工的社交网络，以及对工伤的层层隐瞒，均指向了生产领域的劳动异化：由于劳动者和生产资料相分离，劳动者无法控制自己的劳动过程和劳动产品。

富士康的员工主要来源于全国各地的农村地区，以及初涉社会的学生。从家乡、学校进入富士康，对劳动者而言，即从农业工作环境或学习环境进入工业工作环境。这种环境的过渡，不仅是工作场所的变化，而且正如汤普森所述，“这种过渡需要对工作习惯进行严厉的调整——需要新的纪律、新的激励因素和这些激励因素能有效地产生作用的新人性”。在富士康的管理模式中，此种新的纪律以严格的军队制度的形式出现。员工初入职培训时，富士康以军训的方式将新进员工规训为一个个顺从的身体，从而实现以“服从”为中心的准军事化管理。在生产过程中，富士康采取极为严苛的规训措施来实现效益的最大化。“富士康比部队还严格，部队上还是比较统一的，在部队里你是国家的人，没有犯什么大错误，不能说把你开除就开除。而在富士康则简单许多，领导一句话，你就得走了。”一位复员军人出身的富士康员工这样说。

由于富士康工人大多为农民工，微薄的工资和户籍身份限制使其在城市生活的成本过高。富士康沿用当代中国大量工厂采用的“宿舍劳动体制”，利用工厂宿舍对处于流动状态的工人进行暂时性的安置。在这样的宿舍劳动体制下，作为生活区域的宿舍成了车间劳动的延伸，也意味着企业管理权力对员工私人生活的渗透。这一体制将劳动力成本维持在较低水平的有效用工形态，具有生产效能高的特点，即使在劳动力长期雇佣机制缺失的情况之下依然可以保证劳动力的充分供给。同时，这样的宿舍劳动体制具有较强的规训特征。在富士康的宿舍管理中，实行严格的分区域管理，并有非常严苛的门卡制度，宿舍规章也禁止串门等社会交往。

三、案例分析

(1) 员工个体心理与“仿效”行为。

富士康分布于全国的各个产区集中、连续地发生坠楼事件，人们普遍认为与“仿效”行为存在较大关联。自杀行为在有相似经历的人中间产生了“感染”性。迪尔凯姆认为，“当一种行为有一种类似的、此前由别人完成的行为的表现作为直接的先例，没有明确的或不明确思想活动介乎这种表现和实施之间来影响这种重复行为的本来性质，那么仿效是存在的”。在迪尔凯姆看来，仿效是一种纯粹的心理现象，表现为毫无社会关系的人之间产生仿效的行为。坠楼员工并非单纯心理意义上的模仿、感染，他们的自杀来源于相似度极高的共同情感感受，产生共同感受的原因是相似的社会经历、生活环境，正是这背后的社会因素使坠楼员工对自杀产生了相同的倾向。“仿效只是使一种状态更加明显，这种状态才是引起自杀的真正原因”，这种状态即为社会环境。在富士康事件中，这种社会因素既来自国家产业的转型，也来自企业生产的特定模式、劳动者在劳资关系中的弱势地位。

(2) 金字塔式管理、训话式管理与家长制管理。

富士康建立了具有等级错层的金字塔式管理结构：工人处于金字塔的底层，受到严格的监控和管理，按要求快速完成相应工作同时保证很高的良品率；金字塔的中层主要是负责研发的业务骨干，负责生产各环节计划的制订与实施，承担任务的分派；中高层管理者处于更高的一层，重点参与公司整体战略的制定与实施。这座金字塔的顶尖就是总裁郭台铭。

工人称富士康提倡的人性化管理为“训话管理”，这种由辱骂产生的矛盾集中存在于基层线长和普通工人之间，在生产过程中，不仅生产指标、质量规范等由管理层向基层车间层层下达，工业权威也随之“一层压一层”地传递到一线的普通工人身上。不仅普通工人常常受到“训话管理”，基层管理人员也常常受到上级施加的巨大压力，“有时课长、组长会到车间巡查，如果他们发现有员工表现不佳，他们不会直接与员工沟通，而是会将线长等基层领导责骂一通，然后再由线长问责一线工人”。在这种问责机制下，线长展现工业权威，进行“训话式”的管理是减少工人犯错误的最有效方式。

“工业权威通常呈现出家长制或族长制的形态，家族主义的思想常常被用来确保工人服从并承诺实现公司目标。”家长制作为一种前工业因素也对富士康管理的权威模式产生了影响。家长制管理还体现在对工人的专制控制中。这种控制不仅是控制他们的生产过程和工作时间，还包括控制私人的生活空间和身体。在生活空间领域，通过随机分配、监管严格的劳动宿舍体制将工人控制在最适宜生产的状态中。他们的人际关系、穿着甚至工作时上厕所等都时刻处于控制之下。而在整个富士康集团充斥的“服从”文化，使得工厂管理层如同传统社会中的家长，对下属行使着绝对权力，并预期下级将表现出对其的绝对服从。像传统社会中的家长一样，富士康的管理人员并不是依照法律或契约关系行使权力，而是在很大程度上依照文化传统行使权力。

(3) 泰勒-福特制生产管理。

富士康的管理模式有着典型的泰勒-福特制(即泰勒制和福特制)生产模式的烙印。其管理哲学在于“把整个企业的流程拆解开来，找出关键点，进行简化，制定规范和标准，贯彻执行，以最少的资源实现更大的利益”。福特制劳动组织大批量、标准化生产的特点表现于富士康集团对于“IE”(工业工程管理学)的高度重视，这种“IE”管理术作用于流水线上的每一个微小的细节中，工人的每一个操作、每一个细小的动作，都由“IE”加以概念化、反复测量与设计，以使之与流水线标准化作业实现最佳契合。而工人作为“人”的性质在这个过程中被消解了，被当作适宜标准化的一个“零件”整合进生产体系之中，工人成了自己生产的产品的消费品，人与其自身类的本质的异化也在此过程中出现。在郭台铭的理念中，生产中的每一个环节均可拆解，控制作业系统的设计要实现“傻瓜相机”一样的功能，确保工人不需要专业的训练和专业知识即可进行标准化的操作。其理念实现了泰勒制的核心原则：将劳动过程和工人的技术分离开来，一切可能有的脑力工作都应从车间转移出去，集中于设计或计划部门。流水线上，工人不需要思考，而是严格地执行管理人员的指示，大量地重复几个机械简单的操作。

过度追求泰勒制带来了诸多问题，军事化管理和层级制度让集体中的个人产生疏离感和巨大压力，造成人与人之间的冷漠。企业缺乏人文关怀，对农民工阶层进行最大限度的掠夺性开发，使底层员工心理变化尤其明显，他们在工作中甚至日常生活中很难得到乐趣，对企业没有归属感和认同感，容易出现极端情绪及心理扭曲现象。

四、案例拓展

在企业对于环境、劳工、其他利益相关人的种种人权侵害行为中，劳工问题尤为突出。企业不仅是经营管理的主体，本着对其自身行为负责的原理、对人权保护的基本要求，也有成为人权保障主体的必要性。

（1）完善制度，降低员工流动率。

完善薪酬政策，可以有效留住人才。设计有效的绩效薪酬制度，可以取得激励员工的效果。绩效评价要更加公平、合理，减少给员工带来的负面情绪。要大力发展本地管理高层干部，实现人才的本土化。富士康是一家劳动密集型企业，因此它对人才的需求是多方面的，上至高级工程师，下至车间操作工人。单看其人资分布可得知，高层干部中的大陆人员几乎没有，台湾高层占了大多数，虽然这有维持其台资企业性质的原因，但在某些方面却限制了企业的发展。

（2）精简人员，培养员工多种技能。

精简人员，优化组织的人员结构，使企业员工职能发挥到最大。建议采取以下措施：① 在进行招聘前，要进行战略性人力资源规划，根据企业战略方向进行人才的招聘与任用，控制人员结构，使企业人工成本降到最低。② 要不断培养有潜力的员工掌握多种技能，将其工作扩大化或丰富化。③ 结合员工自身条件，帮员工制定职业生涯规划书，使其工作方向符合企业总体战略。

（3）完善监管制度，提高员工执行力。

执行力是企业达到目标的关键因素。拥有较强的执行力，才能保证工作按时按量地顺利完成，达到企业目标。考核监控与奖惩机制，一方面是对员工的工作进行全面监督，使其工作能按时、按量地顺利进行下去，将执行力与绩效考核紧紧联系在一起；另一方面是在员工做出违反公司规定或损害公司利益的行为时，要及时进行惩戒，制度不仅是用来约束人们行为的，也是用来执行的。

（4）加强对员工自身素质的重视程度。

员工自身素质对企业的长久发展有着极大的影响。高素质的员工不仅是企业的重要资源，也是企业立足的品牌力量。

五、案例思考题

1. 如何回应底层员工的诉求？
2. 如何避免富士康的悲剧在类似企业重演？

案例三

麦当劳：让员工对工作有盼头

一、案例导读

麦当劳希望成为全世界每一个社区中的最佳雇主，无论在就业机会、培训、发展，还是工作的满足感、回报和认同等各方面，均为雇员提供最佳的条件。麦当劳对员工的承诺就是："我们重视您，您的成长和您的贡献。"虽然麦当劳从事的是快餐行业，普通员工的流动率很高，但是麦当劳一直把人看作是企业最重要的财富，其人事管理哲学就是尊重和关怀每一位员工，给每一位员工创造发展自己的机会。

二、案例正文

作为快餐行业的老大，麦当劳的竞争优势来自其独特和强大的培训体系，即使其他企业可以从麦当劳挖走员工，也无法和麦当劳竞争。麦当劳的一整套完善的培训体系，是麦当劳取得成功的最关键的因素。麦当劳在员工培训上投入了大量的精力和财力，仅以上海公司为例，在 2004 年，公司在员工培训和激励方面就投入了 150 万元左右。据统计，一位麦当劳餐厅经理的诞生，大概需要 450 小时以上的培训，企业也要为之付出 100 万元以上。这些统计数据足以表明麦当劳对员工培训和发展的重视程度。

全职业规划的培训特色

在培训方面，麦当劳强调的是员工的全职业规划培训，从计时员工开始到高阶主管，结合他们的职业生涯，都有不同的培训计划，从各区域的培训中心到汉堡大学的阶梯式培训，使员工能够有机会不断地学习和发展。麦当劳的管理人员中有 95%是从员工做起的，每年麦当劳北京公司要花费 1 200 万元用于员工培训。一旦优秀的员工进入管理层，麦当劳又会给他制定一套结合国内外资源的培训计划，员工不仅能够在培训中心接受营运及管理方面的教育，还有机会去汉堡大学进一步深造，接受更高水平的训练。这种全职业规划培训使麦当劳的高管人员流动率很低，形成了一批稳定的管理队伍。

从"幼儿园"到"大学"的分级培训特色

麦当劳培训的另一个特色是从"幼儿园"到"大学"的分级培训。这种分级培训包括“幼儿园”“小学”“中学”直到“大学”的培训课程，而且专业化程度越来越高，所有课程也具有一致的目标和阶段的连贯性。

“幼儿园”的课程是最基础的课程，主要是让员工学会怎样让客户满意；“小学”课程则是让受训者学会怎样去做人员管理工作；到了“中学”课程，核心就是学会如何控制成本和促进销售；而到了“大学”，就是要学会怎样带动管理者成长。

以上两种特色的培训机制并不是独立的，而是紧密地联系在一起的。在员工的全职业规划培训中贯穿着不同阶段的分级培训，让每一位员工都可以看到一个清晰的职业发展通道，由此产生一个强大的工作动力，不断地激励着每一位员工向着更高的目标努力。正如在麦当劳流传的一句话那样：“每个人面前都有一架梯子，你不要去想我会不会被别人压下来，你爬你的梯子，你争取你的目标。”

“新船员”的第一天

新员工上班的第一天并不是马上就去学习工作技能，而是要接受麦当劳的企业文化教育。麦当劳通过对新员工灌输麦当劳文化，让员工了解组织的愿景、宗旨、目标以及对员工的期望来消除他们心中的不安，从而更好地投入到新的工作中去。在麦当劳，服务员都被称为“crew”，即“船员”的意思。这个称呼会让新员工感到这里所有的工作伙伴都是在一条船上，这样既加深了心中的亲切感，又增进了彼此之间的默契。

在新员工初步了解并熟悉麦当劳的文化后，接下来的培训就是让新员工为能够独立承担工作而做好准备。培训师要按照《麦当劳工作手册》的规定，对新员工进行基本操作训练。这种培训同样有标准化的管理模式。麦当劳的全部管理人员都是从学习普通服务人员的基本操作程序开始的，但与很多企业不同的是，麦当劳的培训并不是脱产培训，而是在第一天就直接走上工作岗位，在工作中接受培训。而且这种培训是一对一的培训，即每一个新员工都由一名老员工带着，边学习边工作，把培训和实际操作更好地结合起来了。

每一位麦当劳的工作人员进入公司时，都要接受实际工作的实践训练，这期间的课程主要分为基本课程和高级课程，二者的主要区别在于完成同样工作的质量要求不同。基本课程要求新员工做到怎样达到设定的工作标准，高级课程则要求新员工怎样能够做得更好、更快，以提高他们的判断力和集中注意力。还有一个课程是营销作业培训课程，分为 6 个阶段，经理会在整个培训过程中不断地鼓励新员工，而且员工的成绩也会在公告栏中公布，可以使员工们清楚地看到自己努力的结果和目前所处的水平，以产生更大的学习和工作动力。

从零开始的快速晋升制度

吸引人们加入麦当劳的不仅仅是完善的培训体系，还有以培训体系为支撑的快速晋升机制。员工可以清楚地看到他们在麦当劳的职业发展路径，每一位有能力的员工都可以凭借自己的努力得到提升，正所谓从收付款到炸薯条直至做冰激凌，每个岗位上都会造就出未来的餐馆经理。

在麦当劳，员工的晋升速度是根据自己的实际能力决定的。一位刚参加工作的年轻人，完全可以凭借自己的能力在一年半内当上餐厅经理，在两年内当上监督管理员。对那些适应快、能力强的人再配以各个阶段的培训，晋升就是很自然的事了。

在麦当劳，一个员工是否能得到提升主要是看两个方面：第一就是看他领导的团队或部门的绩效如何，仅看个人的绩效是不行的，麦当劳更强调的是团队绩效。另一个方面就是看他是否可以找到接替他的人，这样他才可以得到升迁，从中可以看出麦当劳十分重视对新人的培养。

最佳的人员培训专家——麦当劳汉堡大学

汉堡大学是一个国际培训中心，它培养了一批又一批优秀的人才，而且本身也是吸引优秀人才加盟麦当劳的主要因素之一。汉堡大学的培训目标是让在工作中已经获得了丰富管理知识的管理者把自己零碎的知识系统化。汉堡大学的主要课程是两周的“基本操作讲座课程”和 11 天的“高级操作讲习课程”。

“高级操作讲习课程”旨在训练更高层的管理人员。其内容与“基本操作讲座课程”有很大的不同，在知识层次上又提升了一定的高度。具体内容包括“QSC”(品质、服务、清洁)的研究，还有房地产、法律、再投资、财务分析、提高利润的方法、人员训练和人际关系、市场等方面的知识。对这些内容的掌握就不是可以按照一个既定的标准来进行培训的，需要管理者具有灵活的商业头脑和较高的管理能力。

四个层面的评估体系

在培训评估这一环节，麦当劳也努力做到了“反应、知识、行为、绩效”这四个方面的评估。

在整个培训过程中，麦当劳采用了一些有效的措施来保证培训顺利进行。比如，按月考核辅导和多样化的沟通。采用按月考核辅导，主要是通过对员工一个阶段的绩效进行考核来发现其行为中与组织价值观和目标不一致的地方，从而可以更好地制订计划来帮助员工改变行为以提高绩效。在整个培训过程中，麦当劳都十分重视员工之间以及上下级之间的沟通，通常是采用服务员全体大会、管理会议、组长会议、接待员会议和小组会议等会议方式，以及临时座谈会和公告栏等方式与员工进行及时充分的沟通。在各个麦当劳餐厅中，还备有各种笔记本，比如服务员联络簿、经理联络簿等。种种方式的沟通使得信息可以更快更好地在麦当劳各个层级之间流通，使每一个员工都可以更好地进行合作并相互促进。

三、案例分析

(1) 让培训成为一种激励。

麦当劳的培训理念是：培训就是让员工得到尽快发展。麦当劳的管理人员都要从基层员工做起，一旦升到餐厅经理这一层，就知道该怎样去培训自己的团队，从而对自己的团队不断进行打造。麦当劳公司的总经理每三个月就要给部门经理做一次绩效考核，考核之初，先给定工作目标，其中就包括训练下属——开设什么课程，在什么时候完成，并且明确告诉部门经理，一定要培训出能接替你的人，你才有机会升迁。如果事先未培养出自己的接班人，那么无论谁都不能提级晋升，这是麦当劳一项真正实用的原则。由于各个级别麦当劳的管理者会在培训自己的接班人上花相当的精力和时间，麦当劳公司也因此成为一个发现和培养人才的大课堂，并且在竞争中长盛不衰。

(2) 使员工拥有独特的工作体验。

做这份工作每个月能拿多少薪水是所有打工者最关心的问题，待遇是否合理是员工评价企业的一大标准。麦当劳的绩效管理已经十分成熟，它设定的考核标准不仅充分考虑到市场可能存在的不平衡因素，并能将市场内所有雇员的绩效放在同一个水平上进行校准。同时，不同部门还会提供多角度看法，以减少对雇员单一主观上的评判。更重要的是，这套绩效考核体系清晰明确、简明易懂，员工可以据此清楚地预估自己每个月将有多少收入，知道如何提高收入，毕竟最好的激励就是自我激励。

麦当劳相当人性化的薪酬体系还表现在每年会全面分析餐厅员工的薪酬体系，并做出相应调整。除了每年定期的调整，每半年还会综合评估每一位职员的表现，并根据评估结果给予相应的薪酬增长。只要餐厅达到了绩效目标，根据工作表现，所有员工都能从公司的业绩增长中受益。

餐饮企业的文化缺失是一个普遍现象。企业文化中，人是文化生成与承载的第一要素，这里所说的人包括企业的全体员工。因此，除了给员工提供公平合理的薪酬待遇外，多给员工提供展现自身才华的机会，更多独特的工作、生活体验，才能真正体现企业文化建设中所强调的关心人、尊重人、理解人和信任人的理念。

(3) 以人为出发点，考虑员工的需求。

很多企业会制定许多制度让员工去遵守和适应，麦当劳的做法则是以人为出发点，考虑员工的需求，最大限度地发挥个人优势，使他们保持较高的积极性。把最合适的人放到最合适的岗位上，这样企业和员工才能获得双赢。正是依靠麦当劳的培训体系以及严格执行人性化制度，麦当劳获得了员工的高度认可和支持。在翰威特的雇主评选中，有一个结果令人瞩目，那就是麦当劳员工中有 75%的员工"完全敬业"。

四、案例拓展

麦当劳员工除了多劳多得之外，还可以获得许多独特的工作和生活体验。如麦当劳为激励员工士气举办了热汉堡大赛和全明星大赛，通过这些比赛来选拔麦当劳明星员工，获奖员工除了得到现金奖励外，还有机会加入"麦当劳奥运冠军团队"，在麦当劳的奥运餐厅为来自世界各地的运动员、教练员、体育官员和媒体从业者提供服务。此外，麦当劳还会提供许多与世界各地麦当劳同事同台竞赛、赢取大奖的机会，如"麦当劳之声"歌咏比赛等。在麦当劳，连员工的制服也都是由员工自主投票，评选出他们最喜爱的设计。

另外在麦当劳工作，最基本的是要了解公司的理念，了解工作伙伴，了解各种日常制度，积极学习和寻找更好的工作方法。麦当劳最崇尚的是"坚毅"。麦当劳创始人雷蒙·克罗克常说："世上没有东西可取代坚毅的地位。有才能而失败的人比比皆是，才华横溢却不思进取者众多，受过教育但潦倒终生的也屡见不鲜。唯有坚毅的人无所不能。"除此之外，麦当劳所倡导的理念还有很多。例如保证质量、服务和清洁，这是餐饮业最受顾客重视的部分；向顾客提供令其100%满意的服务，尽量满足顾客的一些特殊要求；在员工互相交流时，不论是普通员工还是管理层成员，大家都是平等的，公司强调"沟通、协调、合作"，有意见可以随时和管理层成员沟通。

五、案例思考题

1. 从麦当劳的培训方式中，我国企业有哪些可以借鉴的地方？

2. 麦当劳是怎样通过员工培训提升员工对工作的热情与期待的？

案例四

探春改革

一、案例导读

曹雪芹在《红楼梦》第五十五、五十六回里通过理家的情节，着力描述了探春兴利除弊、锐意改革的才志，为探春立传，表现了探春的胆识、魄力和管理才能。

探春代理荣国府内务总管的表现，最能显出她经济之才、坚毅性格、处事公道的优秀品质。探春搞的“包产到户”，在财政上的收益并不大，更多强调的是勤俭持家、量入为出的儒家价值观。她改革的着眼点就是承认人有私心、图私利的现实，并打破荣府责权不分、滥收滥支的宿弊，用利益驱动来管理、制约属下。探春的管理措施在理论和实践层面对现代企业的管理有着重要的参考价值：经营上联产承包，开辟财源；财务上节流开支，防止浪费；分配上多劳多得，兼顾公平。探春在人才选拔与绩效考评方面采取了以下措施：因地制宜，公平竞标；激励为主，各显神通；控制成本，节约财富；唯才是举，不避亲疏。在规模庞大且管理特别是理财尤显重要的贾府，探春是如何进行改革的？

二、案例正文

探春对贾府的状况有细致的观察，有清醒的预见。她看到了巨大的浪费，看到了一些人见利忘义，恶习累累，看到了层层盘剥、处处克扣的现象。这是从经济角度的细致观察。在日常生活方面，探春更为清醒明智，在关键时刻能挺身而出。从预见性角度，她深识远虑，能预见贾府日后的败亡，对家庭内部成员明争暗斗的格局，她认识深远。正因如此，她一旦当家理事，马上雷厉风行。探春接管家族事务后，为提高效率，制定了一个集中办公制度：每天清早到园门南边的三间小花厅，也就是议事厅办公。

都说新官上任三把火，探春为了给管理创造良好环境，第一把火先“烧”管库房总领吴新登的老婆，并拒绝了自己的生母。当众戳穿吴管家老婆的谎言，义正词严，酣畅淋漓，说谎者的面纱被一把扯掉。狠命一击之中，探春的审慎精明在她恬淡的话语中得到完美展现，既分清责任，也表明了自己的主见。探春对问题真是洞若观火，决不允许任何欺骗愚弄。探春治家的极高管理才能在吴新登媳妇红着脸退下阵的狼狈相中得到充分展示。

第二把火,“烧”向公子哥。就在赵姨娘刚闹过之后,一个媳妇来请示说家学里要支付环爷和兰哥一年的公费。探春认为这项开支其实也就是借宝玉等上学为名而实际上是补给另外三人的。而袭人、赵姨娘、李纨三人本就各有月钱,着实应该免去这不该得的利益。探春面对的就是这样严峻的内外环境。这个有政治家风度、有远大人生理想的小姐面对困境没有消极沉沦,而是目光如炬地认为财富是抠出来的!于是她连忙找来李纨和平儿商议削减开支之事,探春先拿自己的亲人开刀了,她超然于自身利益之上,在复杂的关系网中进退得宜,毫无私心。

第三把火,探春改革了支出管理办法,提高资金使用效率。她认为姑娘们在月钱之外又加二两的头油脂粉钱也不够合理,在同宝钗等三人商量讨论之后才弄清了事情的原委。实际上,姑娘们所需的这些东西,历来都是买办每月买回,然后分送给各屋姑娘们使用。现在的情况是这些东西买办照旧买,姑娘们还是买,这是明显的因支出管理混乱而造成的重复开支。出现这种问题的深层原因是买办经常故意迟些日子买,时间一到,不论好坏,随便买些无关紧要的东西应付一下。于是探春让姑娘们用自己的钱去买自己需要的东西,变两头花钱成一头花钱,既买到了合用的东西,又节省了开支,资金的使用效率大大提高了!

总的来说探春从以下几方面进行了改革:一是缩减重复支出。宝玉、贾环、贾兰上学每年向家学支付八两银子用来买点心、纸笔,而此项支出已经包含在三位公子哥的月钱之内。这种虚支冒领在企业中是常见的事,无非是假造个名目给某些人谋利益而已,因此这笔钱被探春免了。二是剥夺了府中买办采办姑娘、丫鬟脂粉钱的权力。买办买的东西又贵又不合适(也许是吃了商家的回扣),而大部分姑娘只能用自己的月钱去买合心意的化妆品。从古到今,大家族、大企业利用“公家”的钱来采购办公用品,总是价格昂贵质量却很差,其中的奥妙贾府的人都很明白。

三、案例分析

(1) 分责分权的管理模式。

为应对贾府的财政危机,探春利用暂时代管家务的有利时机,极富创意地推出全新的改革举措:分责分权的管理模式。探春通过公开竞标,一举废除“大锅饭”,调动了劳动者的积极性。于是消费型的大观园很快被改造为生产型的种植园。举步维艰的贾府经济因此得到新生。探春改革大观园的指导思想是追求利益最大化。她对改革相当自负并且为自己打出了鲜明的旗号:“登利禄之场，处运筹之界者；窃尧舜之词，背孔孟之道。”改革的目的在探春看来就是让“利”，探春把经济利益看得相当重要！至于分配制度，探春更是为贾府的节流开源不遗余力，并且时时刻刻为下层劳动者的福利着想。探春的承包责任制以利益为导向，透出了亘古未有的新制度的曙光。

(2) 分配方面注重效率，兼顾公平。

新经济政策的推出，以及公平竞争、择优录取的激励机制，使工作效率大大提高。而贫富差距的扩大，会导致弱势方产生心理落差，不利于和谐及合作秩序的维护，有害于效率提升。探春考虑了利益分配问题，她认为不能只考虑承包者的利益，还应考虑其他人的感受，而要兼顾公平还应考虑两点：一是起点上要求效率，在终点兼顾公平；二是兼顾公平的提出仅是建议性的，并非强制要求。这里由于兼顾了大多数人的利益，不但承包的人欢喜不尽，园子里其他没选上的人无故地得到了好处，也欢喜异常。就这样，探春的改革得到大家的一致拥护，有声有色地在大观园里推行起来！

(3) 原则性和灵活性的统一。

对于年终归账的问题，探春并不按以往惯例把所有的钱都归到账房，再由账房进行统一支配。她知道，中间层级越多，钱财流失也就越多。对这样不合理的旧制度，探春在大观园的改制中坚决予以了废止，并推行一套新的资金管理办法。这件事树立了她的权威，推动了她的事业飞速发展。所以说，对任何传统的规章制度，我们都要用发展的眼光、辩证的眼光去思考和对待，既坚持原有的合理制度，又敢于打破常规，寻找有利于发展的新路子。

(4) 坚持德才兼备原则，搞好人力资源开发。

管理人力资源开发配置是改革的重要内容，它直接关系到改革的成败。人力资源的开发和配置最重要的环节就是怎样选人以及选什么样的人。在这一点上，探春的做法着实值得借鉴。如前文所提到的，探春在制定出承包方案后，开始落实人选。她提出了“本分老诚，能知园圃事”的用人原则，实际上就是我们现在所倡导的德才兼备原则。人无才不行，无才难成事；人无德不兴，无德将难立事。人若有才而无德最为可怕，因为，才足济其奸！所以说，人是企业最重要的资本。有些公司为招聘人员耗资巨大，但对“人力资本”的认识非常粗浅。作为管理人员，最重要的工作之一就是人员管理，它将在很大程度上决定企业未来的发展方向。因此，对一个管理人员来说，选用什么样的人，怎样用好人，应该时刻保持清醒的头脑。

四、案例拓展

探春高度重视改革环境的创立与培育，所有的改革都发生在特定的环境中，环境对改革作用巨大，影响深远。探春理事之初的环境真可谓是内忧外患，很不利于她施展自己的管理才能。连下人都认为“便添了一个探春，也都想着不过是个未出闺阁的年轻小姐，且素日也最平和恬淡，因此都不在意，比凤姐前更懈怠了许多”。为此，探春抓住突破口，几板斧下来，砍出了管理者的权威，砍出一个良好的改革环境。更难能可贵的是，在领导陷入尴尬境地左右为难时，探春不动声色地化解了矛盾，使领导很有面子地全身而退。在后来的工作中，无论何种情况，领导都是探春坚强的后盾。因此，作为改革者，在举措出台之前，必须全面了解、分析、研究自己所处的环境，找出机会，迎接挑战，并能抓住机遇，大胆创新，构建有利于自己的改革环境，这样才能使自己的改革措施得以落实。

另外，探春还建立结构合理、配合默契的决策层。决策层是否合理决定着一个企业改革发展能否顺利进行。对一个团队来说，没有团结的领导班子，任何改革都是空谈。我们先看探春所处的班子构成情况：李纨、宝钗、探春三个人组成了当时贾府事务的最高权力机构。李纨乃平庸之辈，尚德不尚才；探春机敏过人，但是涉世未深且为闺房之秀；宝钗宽容睿智但缺乏威严。然而，这三个人结合起来后却所向披靡。关键点正是搭配得当，扬长避短。这种群体决策、配合管理对现代企业的用人思路具有积极的指导意义。一个企业班子成员需要多方面的人才，不在于多，不在于精，而在于搭配得当。此外，探春几人组成的决策层还让我们明白了用人要取其所长、避其所短，还要唯才是举、不避亲疏。在许多企业中，部门选拔人才时，往往盯着人的毛病看而不是发现人才的闪光点。殊不知，十全十美的人是不存在的，“有高峰就有深谷”，一个管理者若是刻意避短而不扬长，甚至怕别人的才干会威胁到自己，这样的管理者将是非常可怕的。再说说探春几人组成的管理层不分亲疏内外只讲德才的启示。宝钗是姨亲戚，李纨是没了丈夫的寡妇，探春是庶出的。然而，主事的李纨很有德行，做事的探春雷厉风行、才能卓著，监事的宝钗稳稳妥妥、能压住阵脚。现代企业经营管理中，管理者所触到的暗礁往往来自人情。要想解决这一难题，就得学会启用有才能的外人。组成的领导班子在气质、才能、性格等方面要互相补充，搭配得当，工作起来才能相得益彰。只有这样，才能产生巨大的凝聚力，才能让企业得到长远的发展！

五、案例思考题

1. 探春管理期间大胆改革，兴利除弊，取得较好管理绩效的原因是什么？
2. 探春改革对于当代企业的革新有何借鉴之处？

案例五

霍桑实验中的社会人假设

一、案例导读

霍桑实验是管理心理学中的一个著名实验，是关于人群关系运动的实验研究。1924—1932年，以美国哈佛大学教授梅奥为首的一批科学家在美国芝加哥郊外的西方电器公司霍桑工厂进行了一系列实验。梅奥发现工人不是只受金钱刺激的“经济人”，个人的态度在决定其行为方面起着重要作用。霍桑实验在工业革命实践研究中产生，而后通过各学派的研究及发展，逐渐形成了组织行为学的管理科学理论，并被企业界和新公共管理领域所广泛接受和应用。让我们一起了解一下实验过程及其得出的社会人假设。

二、案例正文

1924年美国国家科学院的全国科学委员会在西方电气公司所属的霍桑工厂进行了一项实验，目的是弄清照明的质量对生产效率的影响，但未取得实质性进展。1927年，梅奥和哈佛大学的同事应邀参加霍桑实验研究。

霍桑工厂是一个制造电话交换机的工厂，拥有较完善的娱乐设施、医疗制度和养老金制度，但工人们仍愤愤不平，生产成绩很不理想。为找出原因，研究小组开展了实验研究。

霍桑实验由几个实验共同构成。第一，照明实验。实验假设是“提高照明度有助于减少疲劳，使生产效率提高”。经过两年多的实验，人们发现照明度的改变对生产效率并无影响。具体结果是：当实验组照明度增大时，实验组和控制组都增产；当实验组照明度减弱时，两组依然都增产。第二，福利实验。福利实验开展的时间是1927年4月至1929年6月。实验目的总的来说是查明福利待遇的改变与生产效率的关系。但经过两年多的实验，人们发现不管福利待遇如何改变，都不影响产量的持续上升，甚至工人自己对生产效率提高的原因也说不清楚。后经进一步的分析，人们发现导致生产效率上升的主要原因如下：一是参加实验的光荣感。实验开始时6名参加实验的女工曾被召进部长办公室谈话，她们认为这是莫大的荣誉。这说明被重视的自豪感对人的积极性有明显的促进作用。二是成员间良好的人际关系。第三，访谈实验。研究者在工厂中开始了访谈计划，访谈者把访谈计划改为事先不规定内容，每次访谈的平均时间从30分钟延长到1～1.5个小时，多听少说，详细记录工人的不满和意见。访谈计划持续了两年多，在此期间工人的产量大幅提高。工人们长期以来对工厂的各项管理制度和方法存在许多不满，无处发泄，访谈计划的实行恰恰为他们提供了发泄的机会。发泄过后工人们心情舒畅，士气提高，使产量得到提高。第四，群体实验。梅奥等人在这个实验中选择14名男工人在单独的房间里从事绕线、焊接和检验工作，对这个班组实行特殊的工人计件工资制度。实验者原来设想，实行这套奖励办法会使工人更加努力工作，以便得到更多的报酬。但观察的结果发现，产量只保持在中等水平上，每个工人的日产量平均都差不多，而且工人并不如实地报告产量。深入调查发现，这个班组为了维护他们群体的利益，自发地形成了一些规范。他们约定，谁也不能干得太多、突出自己，谁也不能干得太少、影响全组的产量；并且约法三章，不准向管理当局告密，如有人违反这些规定，轻则挖苦谩骂，重则拳打脚踢。进一步调查发现，工人们之所以维持中等水平的产量，是担心产量提高，管理当局会改变现行奖励制度，或裁减人员，使部分工人失业，或者会使干得慢的伙伴受到惩罚。这一实验表明，为了维护班组内部的团结，工人们可以抵御物质利益的引诱。由此梅奥等人提出了“非正式群体”的概念，认为在正式的组织中存在着自发形成的非正式群体，这种群体有自己的特殊的行为规范，对人的行为起着调节和控制作用。同时，非正式群体加强了群体内部的协作关系。

霍桑实验得出的实验结论：① 职工是“社会人”；② 企业中存在着“非正式组织”；③ 新型的领导能力在于提高职工的满意度；④ 存在着霍桑效应，即对于新环境的好奇和兴趣，导致了较佳的成绩。

三、案例分析

霍桑实验对古典管理理论进行了大胆的突破，第一次把管理研究的重点从工作和物的因素上转到人的因素上来，不仅在理论上对古典管理理论做了修正和补充，开辟了管理研究的新理论，还为现代行为科学的发展奠定了基础，而且对管理实践产生了深远的影响。

(1)“社会人”假设。

人是企业的主体，人有社会的需求，人是有血、有肉、有思想的人。即人是社会之人，人对一个生机勃勃、创新发展中的企业或组织来说应是具有积极能动性和创造性的人。管理者在管理的过程中，应充分考虑人的需求、态度、动机和人际关系等因素的相互作用。人的心理与感情等社会性因素将从根本上影响员工的劳动积极性。由于工人生产效率的提高与激励机制和管理者的管理风格是密不可分的，企业在管理中应强调在人际关系中将倾听和交流作为管理者的社会技巧。霍桑实验证实了人不仅是“经济人”，更是“社会人”。因此在管理实践中，管理者不仅要关心员工的工作，还要关心员工的生活，更应充分利用物质的、精神的多重手段和方法来激励员工。“社会人”假设是管理哲学上的一个深刻认识和重要转型，这种假设认为人的需求不是单纯的物质需求，而是既有物质需求又有精神需求。按梅奥的“社会人”假设对员工进行管理，一方面有利于组织内部管理办法和管理政策的具体落实；另一方面，还有利于形成较为和谐的环境，从而调动员工的劳动积极性。

(2) 人才是企业发展的动力之源。

人、财、物是企业经营管理中必不可少的三大要素，而人又是其中最为活跃、最富创造力的因素。即便有最先进的技术设备、最完备的物质资料，没有了人这一要素的准确而全力的投入，所有的一切将毫无意义。对于人的有效管理不仅是高效利用现有物质资源的前提，而且是一切创新的最基本条件。尤其是在高科技迅猛发展的现代社会，创新是企业生存和发展的唯一路径。而创新是人才的专利，优秀的人才是企业最重要的资产。谁更有效地开发和利用了人力资源，谁就更有可能在日益激烈的市场竞争中立于不败之地。

但是人的创造性的发挥是有条件的，是以其能动性为前提的。硬性而机械式的管理，只能抹杀其才能。“只有满意的员工才是有生产力的员工”，富有生产力的员工才是企业真正的人才，才是企业发展的动力之源。因此，企业的管理者既要做到令股东满意、顾客满意，更要做到令员工满意，针对不同的员工、不同层次的需求分别对待。要悉心分析员工的思想，了解他们的真正需要；不仅要有必要的物质需求满足，还要有更深层次的社会需求的满足，让员工感到受到了尊重，能够体现自己的存在价值。例如，在管理过程中为了满足员工的社会需求，可以加深员工参与管理的程度，通过民主管理、民主监督的机制，提高他们对企业的关注度，增加其主人翁的责任感和个人成就感，将他们的个人目标和企业的经营目标完美地统一起来，从而激发出他们更大的工作热情，发挥其主观能动性和创造性。

(3) 有效沟通是管理中的艺术方法。

管理是讲究艺术的，对人的管理更是如此。新一代的管理者更应认识到这一点。那种高谈阔论、教训下属、以自我为中心的领导方式已不适用了。早在霍桑访谈实验中，梅奥已注意到亲善的沟通方式不仅可以了解到员工的需求，更可以改善上下级之间的关系，从而使员工更加自觉地努力工作。倾听是一种有效的沟通方式，具有成熟智慧的管理者会认为倾听别人的意见比表现自己渊博的知识更重要。他要善于帮助和启发他人表达出自己的思想和感情,不主动发表自己的观点,善于聆听别人的意见,激发他们的创造性思维。这样不仅可以使员工增强对管理者的信任感,还可以使管理者从中获取有用的信息,更有效地组织工作。适时地赞誉别人也是管理中极为有效的手段。在公开场合对有贡献的员工给予恰当的称赞,会使员工增强自信心和使命感,从而努力创造更佳的业绩。采用“与人为善”的管理方式,不仅有助于营造和谐的工作氛围,而且可以提高员工的满意度,使其能继续坚持不懈地为实现企业目标而努力。

(4) 企业文化是寻求效率逻辑与感情逻辑之间动态平衡的有效途径。

发现非正式群体的存在是梅奥人际关系理论的重要贡献,作为企业的管理者应对此有所重视。员工不是作为一个孤立的个体而存在的,而是生活在集体中的一员,他们的行为在很大程度上会受到集体中其他个体的影响。怎样消除非正式群体施加于员工身上的负面影响也是当代管理者必须正视的一个问题。只有个人、集体、企业三方的利益保持均衡时,才能最大限度地发挥个人的潜能。培养共同的价值观,创造积极向上的企业文化,是协调好组织内部各利益群体关系、发挥组织协同效应和增加企业凝聚力最有效的途径。

四、案例拓展

管理不仅是对物质生产力的管理,更重要的是对有思想、有感情的人的管理。人的价值是无法估量的,是社会上最宝贵的资源,是生产力中最耀眼的明珠。只有最大限度地开发人力资源,切实建立“重视人、尊重人和理解人”的管理思维模式,企业的发展才可能有美好灿烂的未来。

相对于照明实验、福利实验、访谈实验三个阶段性的实验而言,为了更好地验证在不同群体之间自发组织形成的非正式组织关系的潜在作用,梅奥继续开展了群体实验。本质上霍桑实验从不同程度上验证与证明了“科学管理”理念与实践对组织个体认知的不足,打破了单纯通过改变生产技术、组织环境等来消除组织个体发展束缚的不够科学的理念,驳斥了人只能被动适应环境与理性工具技术变革的错误认知。

整体上,从管理心理学的整个学科发展脉络来看,梅奥等人的霍桑实验不仅在理论上对古典管理理论进行了修正和补充,更为重要的是丰富与发展了现代行为科学的理论与实践基础,即:对人性与人际关系、人际群体的高度重视,将相对柔性的由不同群体自发结成的非正式群体置于更加重要的地位。这也就直接强化了对不同组织内部看似无形而作用更为深远的群体价值与规范的深刻认识,破除了原本割裂的“激励-惩戒”的理性和群体默从的价值规范之间关系，将非正式的组织价值规范与文化等上升为同理性制度设计相等同的地位，也就为提高组织管理的积极性、有效性提供了更为深刻的理论支撑。

霍桑实验对管理理论有相当重要的贡献：

① 让工人了解自己不全然只是机械的延伸；

② 刺激产业界与学术界出台一系列的相关措施并做相关研究；

③ 替管理学打开了一扇通往社会科学领域的门；

④ 令研究者检讨调查研究不能与研究对象太接近，否则会影响实验的结果（霍桑效应，Hawthorne Effect）。

五、案例思考题

1. “社会人”假设的内容缺陷有哪些？

2. 与“社会人”假设相对应的管理方式是什么？怎样将其应用于组织管理之中？

第二章
员工激励管理

案例一

林清轩:至暗时刻下的"自我拯救"

一、案例导读

林清轩诞生于2003年的"非典"(非典型肺炎,即重症急性呼吸综合征)时期,"非典"和林清轩没有任何关系,但"非典"促进了林清轩的诞生。林清轩在创立之初提出了"为人们提供天然、安全的护肤品"的使命,反对动物实验,不使用动物提取物,专注用天然的成分修复肌肤。2020年春节期间爆发的新冠肺炎疫情,再一次将林清轩推向"生死"边缘。

二、案例正文

2020年大年初六,孙来春躺在床上,他觉得自己和林清轩都快要完蛋了。作为护肤品牌林清轩的首席执行官(CEO),孙来春嗅到危机正在逼近:店还在、房租还在、员工还在,顾客没了……然后企业解散、遣散员工、资不抵债、进入失信人名单……

当时,林清轩有330多家线下门店、2 000多名员工,要交租金,要发工资。春节期间本来是线下零售品牌业绩暴增的时候,相当于一个"双11",但是这次业绩暴跌的程度,超出了林清轩的想象。最初,孙来春认为能保持20%~30%的线下业绩,但是实际上只剩下5%~10%。疫情暴发后,不到16天,157家门店闭店歇业,继续开业的170余家门店里生意寡淡。从大年初一开始,6天时间里整体业绩下滑了90%。"每天睁眼就是100万的支出,一个月亏损3 000万。"孙来春不敢细算,但他清楚地意识到,再拖下去,不出两个月,林清轩将从大众视野里彻底消失。在这个状态下,以林清轩的现金流,林清轩只能够坚持两个月。所以从初一到初七,孙来春基本上都是睡不着觉的状态,他想起一句非常有哲理的话——你是什么样,外面的世界就是什么样,你就是世界。

"不能等死!"处在崩溃边缘的孙来春,在电脑上敲下了万字长言《至暗时刻的一封信》,直言"真正的困难还没开始"。

直面至暗时刻寻求自救

孙来春反观自己从大年初一到初七的状态,抱着手机看到病人的数字持续增长,但门店的业绩持续下滑,与病人的增长数字正好成反比。孙来春想如果全国 2 000 多名员工跟孙来春一样，这样下去的话就像毛细血管破了、静脉破了，鲜血直流，但是还没有止血的办法。

在信里，孙来春坚持必须把团队的信心鼓舞起来。

孙来春分析了 2003 年经历的“非典”黑暗时刻。创立林清轩之前，孙来春有一个商贸公司，开了 50 家化妆品店，结果因为“非典”破产了。当时孙来春代理的是一个马来西亚的品牌，董事长回吉隆坡之后就放弃了中国市场。不过，放弃了中国市场等于错过了中国这个全球发展速度最快的市场，在中国市场上崛起了很多品牌，包括海外品牌和国内品牌。

通过这件事，孙来春发现所有危机背后都有机遇，但是这次的机遇到底是什么？孙来春应该怎么办？孙来春做了 3 点分析：第一点是林清轩有什么、林清轩没什么，林清轩怎么干才能够活下来。第二点是发现林清轩有 2 000 多名员工，这似乎听起来是缺点，因为要有很大一笔支出用来发工资，但这也是优点，因为有人在一切都好办。第三点是林清轩有 300 多家店，因为很多店铺不能开业，得去想办法交租金。

在至暗时刻的信里，孙来春阐述了一个观点——自救。2003 年“非典”过去了，有一些企业崛起了，一些企业倒下了。因此林清轩这个时候不应该去沉沦，而是应该抓紧想办法自救。孙来春尝试找银行，但是没有厂房，贷不到款。孙来春找到了年前接触的 20 多个投资人，用尽了孙来春所有的文采，写邮件或者是发微信消息给人家，但是只有两个人跟孙来春回复说“收到、谢谢”。

林清轩想自救，首先要让林清轩的 2 000 多人增加信心，创始人需要有信心。想树立信心一定是基于已有的条件，而不是喊口号。林清轩发现产品的品牌力还在，2019 年在分众传媒上投了 4 亿元的刊例广告，一场直播都能够卖掉一两万瓶的林清轩山茶花润肤油。同时林清轩的仓库里面也堆满了货，准备过年冲一冲销量，员工只是不能开店了。但是林清轩有线上系统，这两年一直在做“钉钉＋手淘”“微信＋小程序”的打通。线上渠道都在，就差大家打起精神来干。

于是孙来春呼吁大家马上从床上爬起来，决心打一场反击战，不能就这么等死。孙来春尝试完全把林清轩的业务转到线上，确定了 3 个核心的战略：一个核心的战略叫作“all in 线上”，利用“钉钉＋手淘”“微信＋小程序”等渠道；第二个战略是成立内容工厂，所有人员都去做短视频、直播、图片、文章等一系列相关的内容；第三个战略是把所有的体系、建制都梳理出来。

孙来春举了一个例子，早上 9 点所有的员工必须开钉钉视频会议，一层一层地开。开视频会议有个要求，就是一定要化妆，男生要把头发都理好，然后用最帅的状态,坐到手机和电脑旁边,认真地开始和顾客沟通,做连接和互动。这个策略开始执行之后,有非常好的效果。

2月1日,武汉地区的业绩竟然在林清轩的全国市场中排名前三。全国导购排名前五名竟然有两名是湖北的。孙来春开始深挖,看大家都做了什么,因为能出现这样的业绩孙来春不太相信。在湖北地区,没有店铺也没有人,很多顾客拿不到货。但是2月1日到2月7日,湖北省的业绩比上一年竟然有所增长,个别店的销售额甚至翻两番。同时东北地区的业绩是上一年的2倍,其中大连的业绩是去年的5倍,大部分业绩都是在线上做的。

自救守则:信心、品牌力、数字化

出现这种结果有3个重要原因:第一,信心要足,大家有信心战胜疫情,相信国家和政府,不要抱怨,抱怨没有任何意义。让林清轩企业别破产,员工不下岗,让林清轩每个人都好好活着,这就是对国家最大的贡献。第二,必须把品牌力重视起来。比方说很多人问孙来春:"是不是现在武汉必须打折?"但孙来春对这个问题是坚决否定的。孙来春表示:品牌可以搞一个买赠,一个商品在销售的时候,大家都有物超所值的期望,但是绝对不愿意买廉价货。在疫情期间打折销售,孙来春认为不可取。林清轩应该站在顾客的角度,顾客买单一定是有需求,绝对不是因为便宜。疫情期间一定不要放弃品牌力的建设。一个企业能够活着,正是因为他的品牌力。第三个就是数字化。数字化这件事,林清轩已经做了两年了。"钉钉+手淘"在两年前就跑通了。在这两年中,"钉钉+手淘"积累了223万的粉丝,转化了160万。微信公众号里有180万粉丝,小程序商城里有30万粉丝,天猫里有220万粉丝。去重之后,林清轩拥有近500万的数字化的客户。但是为什么数字化客户这么多,而原来的业绩占比却不高呢?林清轩发现了一个原因,就是过去在穿新鞋走老路,但原来的路已经走不通了,所以必须要走新路。于是林清轩开到了数字化的高速公路上,发现很好,人很少。所以说,数字化这条路是必须走的。因为林清轩现在都是在吃老客,那它的业绩是否能持续?这对孙来春来讲也是一个压力,这种高业绩的情形能不能持续,孙来春不敢确定。如果说原来林清轩只能够活2个月,那么有一件事孙来春可以确定,林清轩以现在的业绩可以活6个月。

基于线上的生意,林清轩能活着这件事可以确定了,但最终亏不亏钱、能不能持续,确实是不确定的。因为拓新有问题,所以最近林清轩采取了十几种方式来应对。马蹄社第一时间给孙来春提供了很多资源,与林清轩建立直接合作关系。此外,阿里巴巴旗下钉钉的CEO看到了孙来春的微信之后,也把天猫直播负责人拉到林清轩群里,给林清轩线下的400人做全员的天猫直播培训。同时，在天猫上做了优先派活动，每天大约可获得 1 000 单的新客。有了新客后，把新客的资料发给线下门店导购，由门店导购再联系顾客。

最坏的打算，最快的行动

疫情后，消费没那么快能够反弹，要有一个长期的准备过程。即使两个月后能把疫情的增长数字压下去，仍会有很多人不敢去逛街，因此从现在开始至少要做半年左右时间的规划和准备，完全以数字化为主进行全链路的公司运营。林清轩不能有侥幸心理，坐在家里等待疫情过去。

在当下阶段，孙来春有几个建议：

第一，全力投入直播和短视频。

第二，快速成立公司的大公关部，应对疫情开展一系列的公关措施。

林清轩特别讲究分享。过去一个员工做出了业绩，他不愿意跟别人分享怎么做的。在线下成交，别人都不知道你是怎么成交的。现在在线上，一个人的经验立刻变成 2 000 人的经验，这种几何级数的增长对于团队卖货的经验积累是有好处的。

企业文化很重要。林清轩核心的企业使命就是提供天然、安全的护肤品，从来不敢添加任何违禁、有害的物质。所以林清轩十几年来，顾客投诉率为零，这是林清轩取得成功的根本。

林清轩最近的销售业绩让人感觉像坐过山车一样，之前孙来春觉得完蛋了，但是业绩又突然好起来，孙来春发现这个世界不是那么残酷的。以前林清轩把总体的架构图分得很清楚，最近林清轩的架构全部打乱；以前孙来春管业务管得少，最近孙来春坐在书房里把业务一把抓。

这个时候，品牌的董事长、总裁或者是创始人，应该第一时间站出来，各个部门的老大第一时间站出来，直接扁平化管理，开视频会议，快速决策、快速创新、大胆尝试，不能够再按照过去层层汇报审批。孙来春在自己的抖音视频里面，分享了一个个人体验：无论你是谁，直接抓紧干，不要再等待别人了。你是创始人也好，总裁也好，无论你是什么级别的人，抓紧时间自己干，这是非常重要的。

在这个世界中，林清轩需要有一群志同道合的人，共同研究未来电商，发现机遇，彼此贡献相互成就。这时候不应该一个人在家里去痛苦、去忧愁，而是要看看别人家怎么做，哪怕在今天的直播当中你学到一条，你把它用一用，可能对你的企业对团队都会有很大的帮助。

在疫情下，物流问题如何解决？

林清轩有两个办法：除了湖北的物流进不去，其他地区用顺丰快递都可以送达。武汉和湖北在可以进去的第一时间，林清轩就把产品发过去。

为什么孙来春特别强调品牌力的建设？林清轩没有任何的折扣，同时武汉地区还是欠货销售，顾客还是愿意买单，这说明品牌力真的是不错的。因为顾客无论是用天猫还是小程序购买，一旦武汉物流能开始发货，武汉的门店就可以把货直接配送给顾客，当天即到，而从上海总仓发货，可能需要至少两天。

员工对小程序的接受程度、熟悉程度高吗？怎样让员工快速学习？

林清轩发现东北地区、武汉地区的业绩反弹得最快，因为原来在没有疫情的时候，通过小程序、“钉钉＋手淘”、天猫系和腾讯系等线上渠道卖得最好的是武汉，其次是东北。武汉和东北有很多老员工经过培训，对线上营销的套路非常熟悉，所以他们的业绩反弹得最快。而在新地区，比如说云南，林清轩开了几家新店，虽然这里根本不是疫情重灾区，结果其业绩只有上一年的20%。后来孙来春发现云南的店员和店长大部分是新招聘的，根本不会用小程序，所以说业绩不好。

林清轩的消费群体年龄段在20～35岁之间，买得最多的是平均27.5岁的人。2020年“双11”的数据显示：林清轩的消费者中48.9%是白领，16%是大学生，10%是医护人员，8%是政府人员，还有0.1%是工人。这个年龄段的人，对网络都很熟悉，如果你还不能够把网络上的生意和品牌做好，那就晚了。

其实林清轩是纯粹的线下企业，在做新零售期间，孙来春也请了几个对互联网懂行的人做负责人，搞了一段时间，结果都不行。这次林清轩整个团队就是纯线下的人，没有一个人懂互联网，很多创新都是一些“90后”的年轻人提出的，最终成功逆袭。

三、案例分析

(1) 林清轩崇尚仁爱。在林清轩的企业文化里，相信是第一法宝，另外一个是仁爱，就是做任何工作都要有一颗仁爱之心。就像林清轩种山茶花，林清轩觉得比屠杀动物做化妆品好多了。所以林清轩反对动物提取物、反对动物实验，林清轩只做天然安全的护肤品。这个企业文化是深入人心的。林清轩给武汉捐了价值130万元的山茶花油，实际上，最大的受益人是林清轩自己，这会让员工感觉到企业是一个有爱的企业。另外林清轩成立了一个有120万元额度的基金，保障员工本人和他的直系亲属，有任何人染病了，没有钱医治或者是医疗保险等覆盖不了的部分，林清轩公司负责支援。总之，人命比企业的利润更重要。

(2) 林清轩崇尚拼搏精神。林清轩的员工对自己的同事不叫家人，也不叫同事，而叫清轩战友。大家是战友，在拼搏的时候一定要取胜，不取胜你会搭上命。孙来春在正月初七向全体员工发表了万言书——《至暗时刻的一封信》。信中他描述了企业未来发展的愿景和战胜困难的决心，并宣布即便在困难时期也要向一线医护人员进行捐赠。他提出："维持生存，不裁员，就是最大的爱国。""这种至暗时刻，成了让我们突飞猛进的'催化剂'，对'至暗时刻'，林清轩已经有免疫力。"林清轩武汉门店在关店的情况下，销售额(2020年2月1日)竟比上年同期增长了234.2%。

(3) 林清轩崇尚开放创新。在这次疫情期间，林清轩做了很多非常大胆的尝试，不怕出错，不怕亏钱，咬牙坚持下去，错了孙来春负责埋单，对了就是员工的成绩。所以开放创新是非常关键的。

四、案例拓展

面对疫情的困扰和经济下行的压力，管理者应当如何管理和激励员工？

(1) 强调共同价值观，注意不当言行。

根据恐惧管理理论，疫情会激发员工的自我保护机制来抵御生存的焦虑。自我保护反应会让人疏远并挑战与自己的世界观、价值观相异的人。非常时期，员工会对于与自己的世界观、价值观不一致的人或行为有过激的反应。对此，管理者们要有心理准备。一是尽量不要违背公众的价值观，避免由于个别人的言行而被置于公众的对立面；二是对可能引起反感的制度、政策或任务做充分的解释和沟通，不要想当然；三是多倡导被大家认可的积极向上的价值观。

(2) 提供自由交流的机会，减少强制分组合作。

面对疫情的威胁，人们对于与自己世界观相似的人会更加亲近和认同。这就可以解释：为什么子女苦口婆心的劝告，不如老干部在群里的一条信息更能让父母增强防控意识。在工作中，应当尽量避免把个性、观点不一致的员工分在一起工作，以免引起不必要的冲突。应尽量提供自由交流、合作的机会，这样员工会自觉选择"合得来"的同事，提升沟通与协作的效率。

(3) 增加魅力型领导者，减少关系导向行为。

当疫情的影响加深时，人们会对魅力型领导者更加偏爱，而不喜欢关系导向型领导者。魅力型领导者善于描绘未来的愿景，强调组织的同一性，相信员工并对其有更高的期望。流传于网络的老乡鸡老总手撕员工的降薪请愿书的行为就是魅力型领导的表现。

(4) 提供正向反馈，减少批评指责。

在员工受到疫情影响时，给予个体积极反馈能够降低其对疫情的焦虑程度，甚至提升客观的生理指标。因此，在特殊时期，管理者应该多给予员工一些支持和表扬，减少指责和批评。从另一个角度看，疫情期间是改善员工关系的大好时机。特别是对于平时关系比较疏远的员工，可以多关心、多反馈，表现出对其的认可，可能会因此而赢得员工的心。

(5) 引导员工反思，促进助他行为。

从本能上来讲，人们渴望得到“永生”。面对疫情的威胁时，人们则寄希望于将自己的贡献延伸到未来或他人的身上，从而获得某种象征意义上的“永生”。通过适当的反思，疫情可能引发人们的亲社会动机，诸如“为社会做贡献”“帮助他人”等。

(6) 用心观察思考，适时塑造价值观。

严峻的疫情可能会触发员工对人生深刻的反思。出现重大社会危机时，也是人们价值观易于发生改变的时期。因此，危中求机，对于组织来说正是一个强化或重塑企业价值观的机会，特别是对于“利他性”的价值观塑造更加有效，比如，客户导向、互帮互助、服务社会等。具体做法可以包括：一是定期集体分享(可以是网上的)，分享的内容既可以是与工作相关的问题、体会，也可以是对疫情发展或新闻热点的评价，目的是引发员工的思考；二是让员工知晓并理解企业的公益行为(履行企业社会责任)和亲社会动机；三是宣传工作中符合企业价值观的行为。

五、案例思考题

1. 疫情之下，林清轩创始人孙来春采用了哪些激励手段？

2. 结合案例，请你谈谈在公共危机事件背后应当如何进行激励管理。

案例二

星巴克的留人秘籍

一、案例导读

星巴克(Starbucks),1971年诞生于美国西雅图,靠卖咖啡豆起家,现在已发展成为一个在全球四大洲拥有5 000多家烘焙零售店的大型企业,它的崛起靠的不是营销技巧,而是得益于对“关系理论”的重视,特别是重视处理好与员工的关系。事实上,随着国际市场的不断发展和完善,企业间的竞争已逐渐演化成人才层面的竞争,有效利用人才、留住人才、激励人才是企业能在长远的发展中胜出的关键因素,而星巴克正是抓住了这一点,通过有效的奖励政策创造合适的环境,鼓励员工们自强、交流和合作。

二、案例正文

工资福利制度

零售业和餐饮业的兴衰成败很大程度上取决于它的服务水平,而这些企业的服务员收入却是最低的,流动性也最大。许多以服务为主的企业都通过削减员工的福利待遇的方式来压缩经营成本,以谋求短期的利润,而这无疑会导致企业内部凝聚力的下降、人员的流动,从而伴随的是企业核心竞争力的下降。从长期来讲,这会严重影响到企业的品牌声誉。

星巴克意识到员工在品牌传播中的重要性,认为星巴克的成功主要是依靠顾客在店内有非常良好的消费体验,而这意味着店员必须非常熟悉公司的所有产品,并能够热诚地向顾客传递公司的咖啡文化,并且有足够的技能和个性提供一致的令人愉快的服务。因此,增进管理层和雇员之间的信任关系,以吸引和激励那些努力工作并有优秀绩效表现的员工显得尤为重要。为此,星巴克开创了自己的品牌管理方法,将本来用于广告的支出用于员工的福利和培训,并于1988年下半年实施了为临时工提供完善的医疗保健福利的政策。该政策规定所有每周工作20个小时以上的兼职雇员都有权利享有和全职员工一样的商业保险。与此同时,每位员工可获得由星巴克提供的75%的医疗费用补助。随着该项福利制度的发展,公司所提供的医疗费用范畴也不断增加,覆盖了预防性医疗、健康咨询、牙齿、眼睛、精神治疗等各个医疗保健领域。实际上,由于星巴克的员工大多比较年轻，身体也都比较健康，公司在这项医疗保险上的实际支出并不高，但这份投资，很快得到了巨大的回报。星巴克吸引了优秀员工，并使他们留得更长久。更重要的是，员工们的精神面貌发生了很大变化，并且在自己所做的每件事情上都表现得更加尽职尽责。良好的工资福利制度极大地改变了员工的工作态度，并为星巴克的发展奠定了坚实稳定的基础。

股票期权制度

对于一个企业来说，激励制度是多样的，而各种激励制度间存在有机联系，因此应灵活运用各种激励方式，形成合理的组合显得尤为重要，星巴克正是意识到了这一点。在星巴克公司，员工不叫“员工”，而是被称作“合伙人”。这不是一种文字游戏，而是有着实在、实惠而又丰富多彩的股票投资计划等为支撑的战略安排。在这种安排之下，每一个员工都有机会成为星巴克的股东，因此被称为“合伙人”。

星巴克刚提出此项计划时，也遭到了股东的反对，只是当时公司的 CEO 舒尔茨已经打定了主意，并说服了股东。他认为，向员工赠股必然使公司获得强大的后援支撑，有利于促进销售和利润的增长，如果能把每一个雇员都结合到一个整体中来，那么他们就会以和 CEO 同样的态度来对待公司，这样，投资者的股份比例也许相对缩小了，但是他们名下的股票市值却肯定会增长得更快。

(1) 股票投资计划。星巴克在为所有的员工提供工资福利制度的基础上，更进一步开始实施股权投资计划，使每个员工都持股，都成为企业的合伙人，把每个员工与企业的总体业绩联系起来。根据这个计划，在每个申购季开始之前，凡是被星巴克连续雇佣 90 天以上，且每周的工作时间不少于 20 小时的员工，都有机会以抵扣部分薪水的方式或折扣价格购买公司的股票。在申购开始前，公司会将申购资料邮寄到雇员家里，每个员工的申购资金限额为其基础薪酬的 1%～10%。而在每个季度结束后，公司会选择一个较低的星巴克股票公开市场价格，将员工所抵扣的工资以低于市场价 15%的折扣购买股票，即以“八五折”的价格购买股票。

(2) 咖啡豆期权计划。在实施股票投资计划的基础上，星巴克又进一步推出了咖啡豆期权计划。而该计划与之前的股票投资计划相比，赋予了更多员工购买并拥有星巴克股票的权利，目的是使员工充分分享企业的烘焙经营成果。该计划规定自每年 4 月 1 日起至本财政年度结束，或者自每个财政年度开始至次年的 3 月 31 日，或者自 4 月 1 日开始至该计划当年被正式执行之前，连续被星巴克雇佣且被支付了不少于 500 个小时的工资的员工，都有权利享受该计划提供的福利。主管及以上职位的人员不参加咖啡豆期权计划，但可以参加专门针对“关键员工”设置的股票期权计划。

(3) 股票期权计划。在综合考虑企业年度业绩的基础上，公司董事会每年会考虑给予符合条件的人员一定的股票期权作为奖励。员工个人应获得的股票期权数量由以下 3 个主要因素决定：当年（财政年度）的企业经营状况及收益率；个人在该财政年度的基础薪酬；股票的预购价格或公司允诺的价格。公司的股票期权待权期为 5 年，任何满足条件的合伙人都可以通过薪水折扣获得 15％的优惠，这样只要股票上涨，股票期权就越来越值钱。丰富的股票期权计划，既是对员工基础薪酬的有益补充，是对长期为企业服务并做出相应成绩的员工的奖励，又巧妙地将员工的利益和企业的利益结合在了一起，充分调动了员工的积极性。星巴克这种通过主动与员工建立“利益共同体”的方式，让员工从工作中得到乐趣，使员工建立对企业的归属感、认同感，并进一步满足其自我实现的需要。

三、案例分析

星巴克在对员工的管理上，实行人性化薪酬管理，实施长期激励计划和弹性福利制度，以使企业在人才竞争中获得竞争优势，促进企业的健康有序发展。企业要想做到留住人才，树立以人为本的薪酬管理观念尤为重要。

(1) 赫茨伯格双因素理论。首先，对于保健因素，星巴克是个“第三空间”，工作环境情调浪漫，本身有种让人身心放松、心情愉悦的工作氛围，员工当然没有不满意。另外，员工的薪酬待遇比同行优厚，额外福利也罕见优渥，还有股票期权激励，保健因素的措施总体来说实施得非常不错，几乎没有员工不满意。其次，对于激励因素，星巴克鼓励员工献计献策，哪怕很微小的主意，企业都会认真对待，且允许员工在公司内部公开论坛上向高管直接提问。这不仅可以体现对员工的尊重，增强员工的主人翁意识，提高公司的凝聚力，而且对公司的不断进步起到或大或小的作用，甚至可以增强员工的成就感，可谓一举三得。

(2) 把员工的利益与企业的目标挂钩，采取长期激励薪酬的方式。股票期权激励是星巴克调动员工积极性，使其自觉地发挥主观能动性更快更好地完成工作任务、创造优良绩效、完成企业各项目标而努力工作的重要因素，是企业留住人才的关键。星巴克的员工跳槽率仅为 6％，远远低于餐饮连锁企业平均为 14％～30％的跳槽率。根据强化理论，奖励能有效提高工作绩效。如果公司运作好、效益好，员工作为持股人自然能获得更多利益。

(3) 公平公开的管理模式。星巴克公开化、透明化的薪资支付方式能让员工体会到公平，减少员工产生不满和紧张情绪的可能性。根据亚当斯的公平理论，员工会将自己与他人的投入与产出进行比较，进而产生公平感和不公平感。公平与各种绩效、工作满意度和辞职意向都有重要关联。星巴克公司公开公司的财务状况，实现薪酬透明化管理，并让员工讨论有关切身利益的问题，能够使员工感到更公平，从而激发努力工作的动力和积极性。

四、案例拓展

星巴克成熟的管理体系可以让我们借鉴与学习，成熟的薪酬管理体系能够帮助企业处于不败之地。世界经济一体化使中国餐饮连锁企业面临巨大的竞争压力，它们要想在竞争中求发展，就要有属于自己的竞争优势。彼得·德鲁克曾说："企业只有一项真正的资源——人，管理就是充分开发人力资源以做好工作。"舒尔茨说："要雇佣比你聪明的人并为他们扫清道路。""我所要做的最重要的事就是雇佣最优秀的人才"是微软的比尔·盖茨提到的。成功的关键就是要让最优秀的员工来进行最高效率的工作。

(1) 人性化薪酬管理。

企业要想做到留住人才，树立以人为本的薪酬管理观念尤为重要。要了解员工的需求，星巴克公司就始终把员工放在首位，召开员工大会，了解员工真正想要的是什么，员工可以公开讨论对公司决策的满意度，薪酬管理透明化，真正做到了公平、公正和公开的管理。中国的餐饮连锁企业就应向星巴克一样，充分为员工考虑，管理人员必须认真分析每位员工的情况，实施不同的领导方式并且兼顾公平，这样才能取得最佳的管理效果。

(2) 员工激励长期化。

企业要想留住人才就必须实施长期激励计划。杰克·佛朗西斯曾说过："你可以买到一个人的时间，你可以雇一个人到固定的工作岗位，你可以买到按时或日计算的技术操作，但你买不到热情，你买不到创造性，你买不到全身心的投入，你不得不设法争取这些。"企业要根据自身情况确定基本工资的比例。星巴克的股票期权计划等，把员工的利益与企业目标联系起来。引入风险机制是一种激励与鞭策并用的措施，既表现出物质方面的奖励和处罚，又让不同的员工有不同的风险，在物质上激励员工奋发。我国的餐饮连锁企业便缺少结合自身条件的外在激励，使工资构成显得单调。企业应根据自身发展来设定激励方案，提升员工对企业价值观的认同和对企业的满意度。企业要留住人才应做到薪酬公平、透明和公开。星巴克定期的员工培训，使员工提升对工作的满意度；公开化、透明化的薪资支付方式能让员工体会到公平；注重员工培训，扩大员工的升职机会，能更好地发挥人才的价值。

(3) 实施弹性福利制度。

弹性福利制度是一种新的员工福利制度,它又被称为“自助餐式的福利”,员工可以在企业提供的多种福利中任意选择所需福利。星巴克公司为职工提供退休抚恤金、医疗保险等福利。各种福利如保险涉及企业中每一位员工的切身利益,不仅对当前的利益有影响,而且还会影响其长远利益。所以,制定并实施适合企业发展水平的弹性福利制度,是企业和员工共同关心的问题。要理解员工的个人偏好和需求,例如老年的员工希望增加退休金;年轻的员工可能需要更多现金用来购房、养活家人或进修;没有顾虑的双职工家庭愿意把钱用来育儿、购买汽车等。因此,福利制度多一些灵活性将会更有吸引力。

五、案例思考题

1. 如果你是餐饮业的老板,你要怎样设计员工的工资结构?
2. 星巴克的留人方式有什么优势和特点,又有哪些不足?

案例三

阿里巴巴:文化,也是一种激励

一、案例导读

阿里巴巴(简称“阿里”)是在互联网时代成长起来的企业,如今已发展成为我国最大的电子商务公司,旗下的淘宝、天猫、聚划算开创了中国的电商时代,2019年天猫“双11”全天成交额为2 684亿元人民币,超过2018年的2 135亿元人民币,再次创下新纪录。众所周知,阿里巴巴20多年来展示的价值创造能力堪称中国企业的典范,这些价值的创造离不开“阿里人”的支持和奋斗,而“阿里文化”则是维系“阿里人”价值创造圈的一种黏性纽带。“阿里文化”提供了激发“阿里人”内在动力的契机和支持性环境,形成了一种依托文化维系的内在激励模式。

二、案例正文

以企业文化激发员工内在动力

马云曾经表示,“有一样东西不能讨价还价,那就是企业文化、使命感和价值观”。阿里的永恒原则是“顾客第一、员工第二、股东第三”,其人才观是“人才是最好的财富、平凡的人做不平凡的事、让员工快乐地工作”。阿里在这样的原则和人才观下开展的激励实践赢得了员工的认可和信任。阿里具有独特的“Fun”文化,“work with fun(让员工快乐地工作)”是阿里的工作口号,快乐工作包含成长感、成就感和归属感三个维度。阿里通过营造放松的工作环境、愉快的工作氛围、融洽的团队关系使员工在工作中感受到快乐,希望员工“每天下班能够笑眯眯地回家”,裸奔文化、阿里十派、不加班文化、武侠文化等都是“Fun”文化的一系列体现。

阿里的核心价值观被称为“六脉神剑”,由客户第一、团队合作、拥抱变化、诚信、激情和敬业六大方面构成。认同阿里价值观的新员工需要接受“五行拳”的培训,这是一种针对文化价值观的培养,包括金拳——心态、木拳——工作中成长、水拳——拥抱变化、火拳——职场素养、土拳——沟通无边界。阿里的这种文化和价值观提供了让员工快乐工作、不断成长的环境支持,为融入其中的阿里人提供了激发其内在动力的组织环境,这也是阿里人心甘情愿为阿里奋斗的深层次心理动因。

以柔性机制激励员工自我管理

阿里自成立之初起一直有一个伟大的理想：我们要创造一个中国人自己的、最伟大的公司，我们要进入世界500强，要做一个102年的企业。阿里人认为，阿里是一家有崇高的理想、使命和价值观的企业，这不仅是马云的理想、阿里的理想，更是所有阿里人的理想和使命，并且这种理想激励在阿里“平凡的人做不平凡的事”的企业文化渲染下得到不断强化。此外，2007年阿里上市之后将RSU（受限制股票单位）计划视为主要的股权激励措施。相对于股票期权而言，RSU的行权价格更低（仅0.01港元），并且RSU奖励反映的是员工的未来价值，分4年逐步到位，具体数量则因职位、贡献的不同而存在差异。阿里巴巴集团发布的2019财年第一季度财报显示，员工股权奖励总开支达到了历史新高——163.78亿元，阿里巴巴第一财季营收809.20亿元，同比增长61%，连续6个季度保持超过55%的高速增长，核心电商业务收入达691.88亿元，同比增长61%。

以培训发展激发员工创造潜能

阿里形成了一套系统化的培训体系，主要包括新人培训、专业培训、管理者培训以及在线学习平台四大板块，全方位地覆盖阿里各类型的员工，充分考虑了新员工入职时对阿里的认可和归属需求、员工在专业技能和管理技能上的成长需求，以及员工自身渴望创造价值的需求。除了以完善的培训体系为触点，阿里还提供了内部接班人制度，对员工的价值创造予以肯定。这些积极进行自我激励、不断创造价值的员工成为阿里庞大的内部人才储备，主管级及以上的员工可以从这一人才库中选择并培养自己的接班人。阿里创造了这样一种环境，员工所渴求的培训应有尽有，并且拥有充分的价值创造能力以及满足阿里价值观的员工拥有明确的上升空间，这充分激发了拥有自我成长需求的新生代员工进行价值创造的潜能。

以情感关怀激发员工归属承诺

阿里对员工的情感关怀体现在四个方面。第一，阿里不给任何人承诺，成长空间和薪酬福利是员工为理想奋斗而获得的劳动成果，不是公司的承诺。第二，尊重员工。阿里尊重员工的选择，尊重员工的创造，尊重员工的劳动，切实维护员工的自尊。第三，关心员工，包括工作上和生活上的关心，甚至六一儿童节在公司搭建充气城堡，鼓励员工带孩子来公司玩。第四，保障员工归属感。这种保障可以从经济危机中阿里的人力资源政策看出来。这一系列措施的施行，使阿里拥有极强的凝聚力。

三、案例分析

（1）企业文化具有激励员工的作用，其内在机制是由引导力、驱动力、约束力、激发力、激活力等各种力量相互协同整合形成的企业文化激励力。著名的心理学家奥苏伯尔将内在激励划分为认知的内在激励、自我提高的内在激励、归属的内在激励三方面。阿里人对阿里文化的认可和融入本身就是一种认知的内在激励。内在激励是一种源于内心的激励，是一种在工作过程中不断获得满足感、激发进一步行动的驱动力，也是一种“乐在其中”的心理状态。

（2）柔性激励是一种以人为中心的人性化管理方式，是基于人的心理和行为规律，采用非强制性的方式使员工产生一种将组织意愿转化为个人自觉行动的潜在说服力，其最终目的是强化员工自觉实现组织目标的一系列行为。阿里巴巴以理想激励和股权激励这种柔性机制为触点，激发阿里人的自我管理，为自己而工作，为阿里而工作。

（3）马云坚信“人才是最好的财富”，并指出“与其把钱存在银行里不如投在员工身上，我们坚信员工不成长，企业就不会成长”。为了满足互联网时代中员工（尤其是知识型员工）的成长和价值创造需求，企业对员工的培训发展投资将是激发员工价值创造的最合适触点。阿里创造了这样一种环境，员工所渴求的培训应有尽有，并且拥有充分的价值创造能力以及满足阿里价值观的员工拥有明确的上升空间，这充分激发了拥有自我成长需求的新生代员工进行价值创造的潜能。

（4）“让员工快乐地工作”既是阿里的一种企业文化，也是阿里对员工的情感关怀。情感激励是一种通过情感交流的强化，让员工获得情感上的满足，继而激发员工工作积极性的激励方式。在互联网时代，组织与员工之间的黏性下降，对员工实施情感关怀有助于激发员工的归属承诺。“员工尊重度”超越“薪酬福利”现在已经成为最佳雇主的重要特征，体现了情感关怀日益重要的未来趋势。大多数企业在经济危机时会选择大规模地裁员以降低成本，这种一时的收益却付出了员工归属感大幅下降的代价。阿里清楚地认识到这一点，2008 年的经济危机，阿里将其视为吸纳储备人才的契机，不仅不裁员，甚至实施提薪计划和员工互助基金计划，增加培训预算，在恰当时机下的保障措施极大地提高了员工的归属感。阿里 20 多年来在员工管理上点点滴滴的情感关怀在员工心中树立了高大的形象，激发了员工的归属承诺，阿里多次荣获“最佳雇主”称号。

四、案例拓展

阿里利用企业文化很好地激励了员工，从而实现了对内部员工的激励，稳定了员工队伍，同时也对社会上的人才产生了吸引力。阿里的激励模式给我们带来的启示有：

(1) 多种激励手段相结合，满足企业员工的多样化需求。根据马斯洛需求层次理论，员工的需求是多样的，单一的激励手段不能满足员工的多样化需求，不能提升员工的满意度，也就没有预期的吸引力。

(2) 制定科学、清晰、明确的企业文化导向，重视员工精神层面的需求。对于知识型员工来说，企业文化可以满足其精神需求，培育优秀的企业文化就是对知识型员工进行文化激励。知识型员工在企业利益实现的同时，自身也得到了价值实现。

(3) 给员工提供更多的发展机会，包括职位晋升、岗位轮换、知识技能培训等，并科学指导员工进行职业生涯规划。要培养员工对工作的热爱，包括努力寻求员工与工作和岗位的最佳匹配；在进行企业工作设计时，要兼顾企业发展和员工需要；合理的员工职业生涯规划与管理，高度重视企业员工的职业生涯发展；建立面向未来的人力资源投资机制。

(4) 创新个性化的激励措施。不同的人有不同的需求，只有满足知识型员工各自特有的需求，才能提高其工作的满意度。要想创新个性化的激励措施，就需要企业对每个知识型员工有所了解，所以企业需要积极引导员工做好职业生涯规划，以便更好地满足员工的需求。

五、案例思考题

1. 在你看来，利用企业文化激励的优势在哪里？

2. 你如何看待精神激励和物质激励的关系？

案例四

海底捞"贴心"的员工激励计划

一、案例导读

四川海底捞餐饮股份有限公司成立于1994年,是一家以经营川味火锅为主,融汇各地火锅特色于一体的大型跨省直营餐饮民营企业。公司在张勇董事长确立的服务差异化战略指导下,始终秉持"服务至上、顾客至上"的理念,以创新为核心,改变传统的标准化、单一化的服务,提倡个性化的特色服务,将用心服务作为基本经营理念,致力于为顾客提供"贴心、温心、舒心"的服务;在管理上,倡导双手改变命运的价值观,为员工创建公平公正的工作环境,实施人性化和亲情化的管理模式,提升员工价值。通过对海底捞的调查不难发现,他们的员工流失率很低,在餐饮行业算得上是比较成功的。那是什么原因让这些员工愿意在公司里踏踏实实、任劳任怨地工作呢?

二、案例正文

海底捞虽然是一家火锅店,但它的核心业务却不是餐饮,而是服务。在将员工的主观能动性发挥到极致的情况下,"海底捞特色"日益丰富。海底捞的员工激励措施可以概括为以下几点:

良好的晋升通道

海底捞为员工设计好在本企业的职业发展路径,并清晰地向他们表明该发展途径及待遇,为每一位员工提供公平公正的发展空间。在海底捞,只有两个岗位对学历有特殊的要求。技术总监与办公室主任合并由一个人担任;财务总监与物流董事长合并由一个人担任。这两个岗位是从外部招聘的,要求具有一定的学历和专业的管理水平。其他所有的干部,包括北京区经理、西安区经理,全部是从服务员、传菜员等最基层的岗位做起的,他们每人都要管理近2 000名员工,都没有很高的学历,但是都具备同样的素质:勤奋、诚实和善良。除了入职前的集训,员工在工作期间并不进行额外的培训。所有问题,在例会上都会加以解决,员工有什么创意、工作上有什么疑问和困难,都可以在例会上提出来,大家进行讨论和沟通,所有人都得到了进步。在具备了基本品质与共同进步的基础上,谁的能力提高得快,显现出来了,谁就有机会晋升。

员工的晋升渠道：

【管理线】新员工—合格员工——级员工—优秀员工—领班—大堂经理—店经理。

【技术线】新员工—合格员工——级员工—先进员工—标兵员工。

【后勤线】新员工—合格员工——级员工—先进员工—办公室人员或者出纳—会计、采购、技术部、开发部等。

独特的考核制度

海底捞对干部的考核非常严格，考核划分为多个项目，除了业务方面的内容之外，还有创新、员工激情、顾客满意度、后备干部的培养，每项内容都必须达到规定的标准。优秀店长的产生不跟他所管理店的命运成正比，评选优秀店长不靠盈利，而是靠员工激情、顾客满意度和后备干部的培养。即使店长管理的门店盈利很高，也很可能由于在这几个问题上出了漏洞而被撤掉。

海底捞的店长都有很大的权力。总部每个月会拿出利润的一部分作为每个店的奖金，这些奖金全部由店长来分配，他必须全面考察下属的业绩，如果大家都没有达到要求，不分也可以。海底捞有一个信息员监督制度，每一个分店都会选举两个普通员工做信息员，对本店管理方面出现的一些问题以书面形式向总部反映，每个月都必须要有，董事长张勇看过后再转到监察部备案、核实，如果确定反映的问题属实，就会转给该部门的领导进行处理。

尊重与关爱，创造和谐大家庭

海底捞的员工很少从社会招聘，大部分是现有员工介绍来的亲戚朋友。作为公司的创始人，张勇在极力推行一种尊重信任的价值观。他认为，只有员工在海底捞获得了尊重和认可，才会介绍自己的亲戚朋友们来。此外，海底捞会对夫妻双方均在企业工作的员工发补贴，鼓励他们住在一起，并且把孩子带在身边，自己照顾和教育孩子。不仅如此，海底捞店长以上的干部，公司还会帮助他们联系其子女入学，并且代交入学赞助费。

提供丰富的业余文化生活

为了鼓舞和激励员工的工作热情，培养他们的爱岗敬业精神，海底捞格外重视员工的业余文化生活。海底捞的各个分店、各个分区常常开展评比活动，评比先进个人、优秀标兵、劳模、功勋员工等等；各店之间常常举办友谊竞赛：篮球比赛、切羊肉比赛以及技能竞赛……公司鼓励员工积极参与，并给予适当的奖励；公司还办起了《海底捞报》，内容包括企业管理知识、职场成长故事、哲理故事、饮食文化、健康知识等。和谐的文化与工作氛围，更加促使员工们的热情日益高涨，更加激发员工为企业奉献的动力。

三、案例分析

每天跟顾客直接打交道的是普通员工，要想让顾客满意，就必须使自己的员工满意自己的生活状态，并拥有为顾客服务的激情和热情，这样才能不断提高顾客的服务水平和工作效率。海底捞视员工为“内部顾客”，并认为内部顾客满意是外部顾客满意的前提。

（1）薪酬和福利。

海底捞永远把员工的利益和生活摆在第一位，企业会尽最大努力照顾好最重要的资产——员工。海底捞员工的月工资在同行业中处于中等偏上，加上其他福利可达数千元。海底捞还为员工提供公寓，并有24小时热水供应和空调、上网设施；甚至建立寄宿制学校，员工子女只交书本费；组织员工旅游；海底捞员工若1年累计3次或连续3次被评为先进个人，员工父母及其子女就可来公司探亲1次，并在店里就餐1次，往返车票由公司报销。海底捞的高薪酬和福利策略既有利于吸引优秀人才，也有利于增强现有员工的安全感和稳定感。

（2）全面薪酬战略的激励性。

使员工的工作和生活达到平衡，体现了全面薪酬战略的激励性。海底捞集体居住的员工还可以享受免费的家政服务。公司有专门的家政服务人员，负责员工宿舍的日常清扫以及员工衣服、床单、被褥的清洗等。这项福利成本不高，但效果却很显著。一方面，辛苦一天的员工夜晚回到宿舍，不必再为洗衣物或床单而发愁，也不必再为整理宿舍而烦心。这节省了员工的体力和精力，有利于第二天工作时有一个好心情。另一方面，家政服务让他们也“享受”到被别人服务的感觉，感受到公司对自己的重视和自己的价值，有利于他们以一种平和、平等的心态而非自卑和压抑的心态去为顾客服务。

（3）员工被赏识和认可。

海底捞认为管理者一个人的智慧是不够的，很多富有创意的服务是由员工想出来的，因为他们离顾客最近。员工提出的新建议，大家讨论后认为可行的就回去实施。员工的创意得到落实，还能收到一定的报酬，并且这项服务可以用该员工的名字命名，对其是极大地尊重和鼓励。海底捞的基层服务员享有打折、换菜，甚至免单的权力。不少员工之间有亲属关系，员工在海底捞受到尊重和认可，员工也认可海底捞的工作环境与和谐氛围。

（4）以顾客和员工为核心的绩效考核制度。

顾客满意度和员工满意度是海底捞考核一个店长或区域经理的重要标准。

店长有分配奖金的权力，店长需全面考查下属业绩，如果员工没有达到要求会追究店长的责任。

（5）开发职业发展机会。

海底捞的管理层都是从基层提拔上来的，员工从服务员、传菜员等基层岗位做起，公司为每位员工提供公平公正的发展空间。管理者从基层提拔，他们有切身体会，了解下属的心理需求，发自内心地关爱下属，给予员工生活上的支持和帮助。

四、案例拓展

海底捞的成功不断引发人们对管理新的思考。海底捞的做法告诉我们，要始终把尊重和善待员工放在第一位。

（1）从职业价值观角度分析海底捞的员工，探讨他们的职业生涯规划。

职业价值观是人们衡量社会上某种职业的优劣和重要性的内心尺度，它是个人对待职业的一种信念，并为其职业选择、实现工作目标等提供充分的理由。我们都知道，海底捞员工大多出身贫寒，没有很高的学历，但是他们具备的共同素质，就是勤奋、诚实和善良，希望用自己的双手改变命运。“双手改变命运”既是张勇自己创业的经验，也是他观察社会的感悟。对于一个餐饮企业，这样的企业文化和价值观并不容易让人理解，但它与海底捞员工的“草根特色”契合在一起，却给予了员工最大的激励和鼓舞。

（2）从海底捞的工作探究员工的工作特征。

工作特征是指与工作有关的客观属性，例如工作环境、所需技能、安全感、回馈性、自主性、挑战性、人际关系、薪资福利以及工作所具备的内在报酬等。总之，凡是与工作有关的因素或属性都可以称为工作特征。餐饮业作为服务性行业之一，工作简单但量大、压力大，还要时刻保持良好精神状态，这就要求员工必须具备较好的身体素质，能够有充分的耐心和抗压能力，最重要的是能从心底散发出真实的笑容。满足这些条件、具有相应特征的员工，最好的选择就是这些文化水平不高、出身相对贫寒的草根族。

（3）用工作胜任力素质模型分析海底捞员工的工作胜任力。

总结起来是四点：制度管理，信任管理，亲情管理，希望管理。其中制度管理是根本，信任管理是动力，亲情管理是保障，希望管理是活力。任何一个企业都必须要有完善的管理制度，只有制定好了管理制度，员工才能够有章可循，能够约束自己的行为；管理制度也是保证公平的前提，根据制度对员工进行奖励和惩罚，避免了管理者的随意性，保证了员工受到公平对待。信任管理是指管理者要相信员工，敢于放权。作为企业的管理者要想企业能够蓬勃发展，仅仅靠自己是远远不够的，必须依靠企业各方面人员的支持。管理者不能迷信自己的能力，更不能不相信自己的员工。亲情管理是保障，是指管理者不能将员工看作赚钱的机器，而要将员工当作一家人来看待，至少要当作一个人来看待。中国是一个注重亲情的社会，人与人之间的感受是相通的，而且中国人多数是懂得感恩的。严格的制度可以保证企业的正常运转，但它是冰冷的，温暖的亲情管理让企业能更好更快地发展。一个企业将员工看作是自己的亲人，并让员工感受到这份温暖，那么员工也会设身处地地为企业着想，会自觉维护企业的利益，与有损企业利益的行为进行斗争。人心齐，泰山移，亲情是企业健康发展的保障。一个企业想要长久生存下去，保持源源不断的生命力，企业经营者就要给企业注入活力，而保持企业的活力则需保持员工的活力。只有给了员工愿景、希望，员工才会更加有动力地工作，企业才能长久运作。

五、案例思考题

1. 基于海底捞的做法，你如何看待我国连锁餐饮业对店内员工的管理？
2. 在你看来，你认为该如何设计海底捞的奖励机制？

案例五

员工持股——任正非的“掌舵之谜”

一、案例导读

华为如今已经成为中国民营企业的一面旗帜，它在通信设备行业的地位已令那些曾经不把它放在眼里的跨国公司们战栗。其实，华为成立之初与当时同类的其他公司类似，仅是代理香港的电话交换机业务。然而与众多代理公司不同的是，它没有满足于赚取代理差价，而是将赚得的钱投入奠定华为行业地位的 C&C08 机的开发中。最后它成功了，然而其成功之路却充满艰辛，蕴含巨大的风险。一个没有任何背景的民营企业，仅靠自己前几年的积累，既要承担巨大的开发投入，还要为吸引和留住开发人才而支付高薪，在很多人看来，几乎是不可能的，但华为成功了。华为的成功不是偶然的，是太多的因素综合作用的结果，早期实施的员工持股计划被公认为是华为的成功因素之一。

二、案例正文

华为对外一直声称其是一家 100%由员工持股的民营企业，并通过工会实行员工持股计划。华为在其 2019 年的公司年报中说，截至 2019 年 12 月 31 日，参与员工持股计划的员工人数为 104 572 人，同比增长了 8.06%，参股人均为公司员工，没有任何政府部门、机构持股。任正非仅持有 0.94%的股份。华为公司核心竞争力和价值增值的主导力量就是企业创新能力。企业创新能力主要表现为公司的新技术和新产品的研发，而这些都是由知识转变来的。知识可以转变成公司的资本，也就是说华为在实行“知本主义”。华为看重知识主要表现在它对研发人员、研发资金的大规模投入上，以及对研发区位的慎重选择上。研发人员方面，公司约 45%的员工都是研发人员。为了提高员工工作积极性，华为在创业初期就开始酝酿员工持股计划，在公司成立 3 年之时就开始实行内部股权计划。随着公司的不断壮大，员工持股制度的涉及面越来越广，激励力度越来越大，制度设计也越来越规范。

第一阶段（1990—1996 年）以解决资金困难为主要目的，实行内部集资

1990 年华为开始尝试员工持股制度。由贸易公司转型为自主研发企业的华为为了解决研发投入大、资金紧张和融资困难等问题，开始实行员工持股制度。在当时的股权管理过程中，华为将这种方式明确为员工集资行为。参股的价格为每股 10 元，以税后利润的 15% 作为股份分红，向技术、管理骨干配股。这种方式为企业赢得了宝贵的发展资金。

第二阶段(1997—2001 年)以激励为主要目的(华为股权激励，华为员工持股)

1997 年深圳市颁布了《深圳市国有企业内部员工持股试点暂行规定》，华为参照这个规定进行员工持股制度改制，完成第一次增资。华为当时在册的 2 432 名员工的股份全部转到华为公司工会的名下(全员持股)，占总股份的 61.8%。此时随着公司效益的提升和从资金困境中逐步解脱出来，员工持股制度在担负内部融资任务的同时，也演变成了一种重要的激励制度，与工资、年终奖金、安全退休金等共同构成了华为的薪酬体系。这次改革后，华为员工股的股价改为 1 元/股。

第三阶段(2001 年至今)以员工持股激励规范化为目标

2001 年，华为聘请国际著名咨询公司，开始对其股权制度进行调整变革。将内部员工股更名为"虚拟受限股"后，员工不再配发 1 元/股的原始股票，而是给予以公司年末净资产折算价值的期权。老员工的股票按 2001 年年末公司净资产折算，每股价格增值到 2.64 元/股。员工离开公司时必须按上年股价将股权转让给公司。此外随着公司规模的增大，华为在新期权的配发上放慢了脚步，股权配发向少数核心员工及优秀新员工倾斜，对于大多数普通员工的中长期激励，采取以原有股票的分红权为主，减少新增配股的方式。这种转变标志着华为随着企业规模的增大和员工人数的增多，其激励制度已经从普惠激励转变为激励核心员工为主。

这段时期华为已进入高速增长时期，为提高对人才的吸引力，华为在提高薪酬的同时也加大了员工配股力度。随着每年销售额的增长，员工股的回报率常常能达到 70%以上。华为的员工还可以向公司设立的内部员工银行贷款来购买股票，以解决新员工没有足够的购股资金的问题。这段时期华为的高薪及员工持股激励政策形成了强大的人才磁场，使华为聚集了大批行业优秀青年人才。

三、案例分析

要想实现对员工激励效果的最大化，首先要了解员工真正想要的是什么。

华为公司通过授予员工一定份额的公司股权，使其能够参与企业的利润分享、经营决策并承担公司风险，对留住企业的人才起到了关键作用，激发了员工的创新能力。员工持股制度是股权激励的一种方式，即“金手铐”，目的是让员工的人力资本价值与公司的利益结合，减少代理成本，既是一种激励员工将自身的“人力资本”投入公司的一种手段，又是一种激励目标，只有符合条件、绩效好的员工才可以享受购买员工股的权利，从而获得股票分红的利益。

(1) 合理配置企业资源。华为公司绩效的快速增长源于其研发资源的优化配置，而研发资源的优化配置源于其员工的股权激励制度。任正非通过仅占公司股本的 0.94％的股权行使着公司的控制权和所有权。凭借这种“舍小财”的行为，任正非赢得了公司员工的认可，促进了公司的飞速发展，实际上得到了“大财”。

(2) 科学设计公司的激励制度。华为公司激励制度设计科学，尤其侧重对高管和核心技术人员股权激励的制度安排，股权激励使公司高管和核心技术人员由雇员身份向股东身份转变，激励高管和核心技术人员积极承担研发风险，优化研发资源配置，提高研发投入产出效率，提升公司绩效。高管股权激励能够激励高管增加研发投资总量，优化研发投资结构和研发资源的区域配置；核心技术人员股权激励能够增强员工归属感，激励核心技术人员提高研发投入产出效率。

四、案例拓展

股权激励政策在提升公司管理效率、降低代理成本、增强公司凝聚力和市场竞争力等方面起着非常积极的作用。同时，研发投入发挥着重要作用，高强度的研发投入有助于迅速提升技术水平，通过技术创新促进企业绩效的增长。从华为的案例中，我们可以得到如下几点启示：

(1) 企业应实施股权激励政策。股权激励政策是公司保持长期可持续发展的一种策略，能够使公司真正价值的创造者分享公司经营的成果，从而保持公司价值创造者的积极性。而目前我国对上市公司股权激励的对象和方式控制较为严格，上市公司很难结合公司自身特点制定合适的股权激励政策。希望国家能放宽公司股权激励的限制，使股权激励真正成为公司激励的一种手段，促使企业不断进步。

(2) 股权激励在设计方案时，激励对象不仅要包括公司的高管，而且还要包括核心技术人才，这样股权激励政策解决了股东与高管分离产生的委托代理问题，同时也激发了核心技术人员的工作热情，使他们与公司共同成长，把公司的发展当作自己的发展,不断地追求创新发展,从而使公司拥有核心竞争力。

(3)针对不同的激励对象,可设计不同的激励力度,尤其注意激励力度要侧重于高管和核心技术人员。高管可以制定出更适合企业发展的战略,核心技术人员可以促进发展战略转化为公司绩效。对于高新技术企业,股权激励可以有效地激励公司高管减少“短视行为”,加大研发投入力度,提高研发配置效率,有效激励核心技术人员减少“搭便车”行为,提高研发投入产出效率。

五、案例思考题

1. 华为员工持股激励制度的特点和优势体现在哪里?试分析其不足。
2. 你从华为一路变强的历程中得到了哪些感悟?

案例六

海尔：人才，企业生存的法宝

一、案例导读

海尔集团是家电行业的龙头企业，是我们民族品牌的骄傲。海尔集团不仅是在我们中国，更是在世界的各个角落都享有盛誉。除了企业生产的产品有着过硬的品质，海尔的管理经验也值得探究。人才是一个企业赖以生存的基础，企业的发展是人才的发展，产品的创新是人才的创新。海尔公司取得成功的原因很多，例如过硬的产品质量和前沿的科技手段，但这些都离不开企业的员工。海尔对于人才的激励管理是成功的，在实践中结合自身发展需要不断提升、创新理论，在企业发展的同时也使员工充分实现了自身价值。

二、案例正文

始终通过竞争取才

除去企业的核心技术人员以及高级领导层，海尔的人才选拔呈现全开放模式，即企业内部全部职务均可竞争上岗，每个职务都存有竞争，每位员工均有被提拔的机会。海尔的开放模式不仅适用于企业内部，同时也适用于社会各界。海尔为了保证领导队伍的活力，企业时常依据员工的竞争成绩进行相应岗位以及领导人的选拔工作，持续优化领导队伍的知识储备结构及年龄结构。

海豚式升迁机制。海豚的聪慧程度很高且活跃性也极强。它在进行跳跃时首先要尽最大能力沉到最深位，这是为了跳得更高。利用海豚的跳跃方法，海尔集团实行了沉浮升迁制度。该制度实施后，企业工作能力较强的升迁人陆续被指派至基层工作，其目的是积累基层工作经验。在海尔集团，各层级的管理者很多都是从班长、组长中选拔出来的，特别是生产系统这种情况更加普遍。也就是说，在这种机制下，当海尔想要提拔员工到更高级别的岗位进行工作时，它并不是让其立刻到岗，而是让其先去该岗位对应的基层位置工作一段时间。即便是在岗领导，由于其自身的工作经验不足导致出现工作漏洞时，企业也会将其派遣至相应的基层岗位工作，进行经验累积。虽然这种制度对于各级别管理人员来说有着一定压力，但其锻炼效果也十分明显，对各级别管理人员的综合能力提升有较大帮助。

末位淘汰制。只有存在压力才会产生动力,适当的压力对员工来说也是好事。海尔集团设置的压力机制完全是为了挖掘员工潜力,优胜劣汰是企业员工的生存之道。考核采取末位淘汰制。其标准是将全体员工的前10%作为员工楷模,而后10%则有被淘汰的风险。当然对后10%的员工不会仅依据一次考核成绩就将其淘汰,公司会根据连续3个月的成绩总和作为考核标准进行淘汰,激励员工不断进步是设立末位淘汰机制的初衷。

奖罚相结合的激励措施

在海尔的企业内部,将激励手段分为正激励(奖)和负激励(罚)两种。正激励是对员工符合组织目标期望的行为进行的奖励,使这种积极向上的行为更多地出现,即更好地调动员工的积极性。

在海尔的奖励制度中有一条名为“命名工具”的奖励措施。如工人李启明发明的焊枪被命名为“启明焊枪”,杨晓玲发明的扳手被命名为“晓玲扳手”。张瑞敏看到了普通工人创新改革的深远意义,并想出了一个激励员工创新的好措施,即用工人的名字来命名他所创新的工具。这一措施大大激发了普通员工在本职岗位创新的激情,后来不断有新的命名工具出现,员工以此为自豪。最初海尔开始宣传“人人是人才”时,员工反应平淡。他们想:我又没受过高等教育,当个小工人算什么人才?但是当海尔把一个普通工人发明的一项技术革新成果,以这位工人的名字命名,并且由企业文化中心把这件事作为一个故事登在《海尔人》报上,在所有员工中传开之后,工人中很快就兴起了技术革新之风。对员工创造价值的认可,是对他们最好的激励。及时的激励和更大的上升空间,能让员工觉得工作起来有盼头、有奔头,进而也能让员工创造更大的价值。

海尔对干部每月进行考评,考评档次分表扬与批评。表扬得1分,批评减1分,年底二者相抵,达到负3分的就要被淘汰。同时,海尔通过制定制度使干部在多个岗位轮换,全面增长其才能,根据轮岗表现决定其升迁。

强化培训,创造机会

海尔认为:没有培训过的员工,是负债;唯有培训过的员工,才是资产。为此,海尔为员工创造各种学习机会,进行以市场拓展为目标的各种形式的培训,以提高员工的能力和素质。通过培训,海尔的员工在思想上和行为上与企业的战略发展高度统一;通过培训,员工认同企业文化,处处以企业的核心价值观为导向。例如,部队的军事化训练从行为入手,新兵入伍后,一切生活方式和行为都要按照部队的标准,当行为达到高度统一,思想上潜移默化地就形成了统一。而企业的培训是先让员工在思想上与企业的思想达成统一,进而实现工作行为与企业的战略目标相一致。

以往的一些企业只注重员工专业技能的培训，这充其量只能把员工培养成在一线生产的技术工人，而在当前这个知识经济时代，企业更需要的是复合型的人才。所以，企业不但要为员工提供专业知识的培训，还要告诉员工当前这个时代发生了什么样的变化，要时刻有危机感，要时刻有“永远战战兢兢，永远如履薄冰”的心态。

三、案例分析

海尔集团之所以能够如此成功，主要原因是企业实行以人为本的激励措施。海尔集团在人才层面，以人人都是人才为选拔标准，将人作为企业管理的首要因素，同时将人作为管理的重点目标以及资源，利用尊重和激励等方法大力进行人力资源的开发，充分激发企业员工的积极性和创造性，使企业员工实现个人价值。

(1) 双因素理论。让员工感受到满足的原因主要来源于工作本身，员工对其工作有一定的成就感、工作业绩能够得到认可、工作性质有一定挑战性以及工作有一定的发展空间，以上需求得到满足可以大大改善员工的工作态度，提升员工的工作积极性。海尔集团认为只有当那些被称之为激励因素的需求得到满足时，员工的积极性方能最大限度地发挥出来。所以，海尔集团将人才激励机制的创建作为主要部分，利用健全的人才竞争机制来达到发现人才的目的，更好且合理地满足企业员工的发展需求，继而最大限度地激发员工的积极性。海尔集团设置了动态人才选拔制度。海尔集团不实施伯乐相马制度，而是为员工提供比赛制度，在内部创建竞争制度来选拔人才。

(2) 正强化和负强化。正强化和负强化是依据“强化理论”而设立的激励制度，在企业中运用得比较多。正强化激励是当一个人的行为符合社会的需要时，通过奖赏的方式来鼓励这种行为，以达到让人们保持和发扬这种行为的目的。负强化激励是当一个人的行为不符合社会的需要时，通过惩罚的方式来抑制这种行为，以达到减少或消除这种行为的目的。正强化是从正方向予以鼓励、负强化是从反方向予以刺激，它们是激励中不可缺少的两个方面。海尔一正一负、一奖一罚的激励机制，树立了正反两方面的典型，从而产生无形的压力，在组织内部形成良好的风气，使群体和组织的行为更积极、更富有生气。激励的这两种手段，性质不同，但效果是一样的。从管理的整体看，奖(正激励)惩(负激励)必须兼用，不可偏废。只奖不惩，就降低了奖励的价值，影响奖励的效果；只惩不奖，动辄得咎，就会使人不知所措，人们仅知道不该做什么，却不知道应该做什么，甚至还可能由于人们的逆反心理而产生反作用。所以，必须坚持奖惩结合。

(3) 通过对海尔激励模式的分析，我们意识到，一个企业纵然有雄厚的资金做后盾，有具备市场竞争力的高新技术，但如果不能充分地调动员工的积极性和创造性，把员工看作只会工作不会思考创新的机器，在管理过程中对员工进行“高压式管理”，从而使得员工一味地机械化、被动式地为了完成工作而工作，是根本不可能实现效益最大化的。企业唯有通过为员工营造积极向上、富有激情的工作环境，并且设立具有实际意义的激励机制，才能使员工在工作过程中变被动服从为主动创新，摆脱“干活都是给企业干的”这一旧观念，转变为“在企业所做的所有工作都是为自己干的”“我们就是企业个体经营的老板”等新观念。除此之外，企业要让团队有激情，只在企业内部设立激励机制、创造激情的工作氛围是不够的，还要有愿意接受挑战、对工作满腔热忱、富有激情的员工。这需要企业在选人时，就要从员工自身品质出发，选到富有激情的优秀人才。

四、案例拓展

海尔集团经过长期的经营发展累积了大量的人力资源管理方面的经验，海尔提倡的激励理论内容丰富，有科学依据。海尔集团在发展中不断探求和创新激励理论，并没有受传统理论的禁锢，提出了“人企合一、企业文化构建”的思想，在推进企业发展的过程中也能满足员工的需求，较好地弥补了传统理论信息衔接不顺畅的缺陷，更利于企业和个人的共同发展。

(1) 树立整体、全局的激励管理理念。

在企业的发展中不能只注重个人利益，要将企业的发展作为工作的重点，强调员工对企业的责任感。人力资源管理是一个完整的系统，各个要素之间紧密相连、相互配合，缺一不可，这些要素的有效配合和衔接组成了一个完整、生动的系统。所谓的员工责任意识，要求员工能发自内心地热爱自己的工作，全身心投入到自己的岗位中，并且能发挥自己的积极作用，企业所有员工都能够在和谐、融洽的氛围中轻松地开展工作。“人人都管事，事事有人管”的理念不仅仅是说说，更要落实到行动上。每一个员工都要身体力行，有团队意识，将企业看作自己的大家庭，将自己的前途与企业的兴衰紧密联系在一起。在这样的氛围下，员工之间会更好地互相督促、配合，共同完成工作。

(2) 把握竞争与合作相统一。

企业是由个体组成的大家庭，每一个成员都有自己的分工，互相之间协调合作才能确保工作的顺利进行，而互相竞争是激励员工进步的润滑剂，能够确保企业蓬勃发展。企业内部竞争既要存在广泛性，也要有公平与可控性。首先，广泛性是指要调动企业全体员工的积极性，各个岗位都要参与进来，确保个人收入与劳动成果成正比。其次，公平与可控性是指企业内部的竞争要在良性的环境下进行，为员工提供一个公平、公正的竞争平台，让每个员工都有展现自己实力的机会，公司对于竞争局面要有效控制，让员工完全在企业掌控的范围内开展竞争与合作。可以说企业中员工的竞争与合作存在辩证关系，要有效地处理好二者之间的关系，促进企业进步。

(3) 企业要善于使用人才并且注重人才培养才能留住人才。

在短期内，企业重视人力资源管理必定会增加成本的投入，有些企业认为人才流动会为企业带来很多好处，不舍得在人才培养方面投资，只希望员工为自己创造利润，不为员工提供深造学习的机会。但员工的知识储备有限，跟不上市场的发展速度，必然会导致企业的衰败。因此，作为企业的管理者，一定要有长远的目光，加大人力资源方面的投资，不断提高员工的知识储备。提高员工的受雇能力是企业为员工提供的保障，让员工得到进步，看到发展，才会更加有信心为企业服务。企业想要有更好的发展，就必须通过提高员工素质的方式来留住人才，舍得在人才培养方面加大投资，把人才的知识储备与企业的命运紧密相连，让员工感受到企业对员工的重视从而吸引更多的人才。

五、案例思考题

1. 在你看来，双因素理论有什么特征？
2. 在你看来，怎样才能正确实行正强化和负强化？

第三章
群体心理管理

案例一

新冠肺炎疫情中抢购“双黄连”

一、案例导读

2020年春节前后,新冠肺炎疫情席卷中国大江南北,全国上下进入紧急状态,小区封闭、街道封闭、出门需要登记并佩戴口罩等等,一时之间每个人都笼罩在紧张的氛围中。口罩、防护服等物资的短缺,让很多人选择囤货,其中抢购“双黄连”事件尤其需要引起深思。

二、案例正文

2020年1月31日深夜,突然而至的一则重磅消息“轰炸”了朋友圈——中国科学院上海药物研究所和武汉病毒研究所通过实验室体外试验联合发现:中成药双黄连口服液可抑制新型冠状病毒。一瞬间,微博话题“双黄连可抑制新型冠状病毒”就爆了。“中成药双黄连口服液可抑制新型冠状病毒”的消息经《人民日报》《新华视点》等权威媒体和栏目发布后,全民沸腾、全网沸腾,引发了全国范围的抢购风潮。

几乎是一瞬间,各大电商平台上的双黄连就已脱销,而线下药店门口则排起长龙,双黄连及其连带药品、产品被一抢而空。网上的双黄连首先售罄,各大药店门前也纷纷排起了长队,给鸡喝的双黄连被人买到售罄,就连因为谐音梗而达到流量巅峰的双黄莲蓉月饼,也是一并卖完;买不到口服液的,打算直接吃牙膏;连牙膏也买不到的,竟然打算买点药材自己配。

2月1日,经官方辟谣,各大媒体纷纷发声呼吁,“抑制”不等于预防和治疗,且仍为初步研究,还需临床研究和试验,并一再提醒群众“勿抢购、勿自行服用”,期望以此来降低大众疯抢的热情。但陷入狂热状态的群众并不理会这种解释,有用没用、吃与不吃,先抢了再说。何况,中药这种自带神秘色彩的“老药”,有个头痛脑热的时不时自行服用一下的也大有人在,更何况有时也还真的管用。因此,在这种非常时期,在不知道什么药更有效的前提下,群众盲目跟风抢购也就显得情有可原,让人不忍苛责。

虽然双黄连及其研究机构,武汉病毒研究所与上海药物研究所,均遭到科研与医疗工作者的猛烈批评,民众也表达了不满,但这些都不妨碍市场疯狂追捧双黄连。

三、案例分析

重特大事故背景下的群体心理是指群体成员之间相互作用、相互影响形成的心理现象与心理活动。疫情中，也存在抢口罩等现象，但口罩这种一定时期的生活必需品与双黄连是不一样的。民众抢购双黄连的背后，可以看出大家对疫情的恐惧。疫情当前，任何好消息，对普通人来说都是“救命稻草”。

该事件，也体现出重特大事故背景下的群体心理中的盲目从众心理。重特大事故后各类信息迅速传播与扩散，在外界环境及心理安全感的影响下，个体心理、行为、判断趋向于群体一致性，逐渐失去独立思考能力或埋没自身想法。因此，虚假舆论一旦占据主流且未被辟谣，易使人形成先入为主的定向思维，为偏离常规的行为提供思想指导。当人民大众熟知的大V发声的时候，一些人会失去理性的思考，即使他们读懂了“抑制”与“预防”的区别，他们还是会认为双黄连是有用的东西，可以购买。当购买双黄连成为一些人的共识之后，他们的行为会进而影响一群人，从而引起不可控的抢购事件。

大众心理，受事故严重度、个体素养、群体结构、信息透明度、现场秩序等因素的影响，而各类人群，在危机事件中的表现也是不同的，需要各方协同，消除不良影响。

四、案例拓展

事实上，在本次疫情中，人们不仅在抢购双黄连，也有抢购口罩、防护服、护目镜等物品的现象，透过这一次次抢购现象我们要明白：

(1) 越是特殊时刻，越要理性思考。特殊时期，人们对于消息的渴望比任何时候都更强烈，无论是确诊人数增加的坏消息，还是药物研究突破的好消息。但越是特殊时刻，越要保持独立思考、理性判断。都说“谣言止于智者”，很多时候冷静想一下，就能避免被信息的洪流裹挟而行。不要冲动，待在家里多听、多看、多想想，就能为抗疫做贡献。

(2) 越是声音大，越要说准确的话。新闻媒体和有影响力的自媒体，是信息传递的桥梁，扩音器的作用比平常更加显著。很多人都是抱着“他声音大，听他没错”的理念冲出了家门、冲进了药房。第一时间向公众传递声音，当好公众的眼睛和耳朵当然是媒体的天职，但面对人命关天的“好消息”，要更加准确、可靠，才不会“希望换来失望的恶性循环”。

(3) 越是权威，越要让百姓听懂。疫情暴发以来，科研人员夜以继日战斗在研究病毒“家底儿”的一线，传递出了不少让人心安的好声音。但对公众发声时，要多说一些老百姓能听懂的大白话，负起学术责任，也要负起社会责任，才能让“好声音”真正发挥“好作用”。

五、案例思考题

1. 结合案例分析群体心理受哪方面的影响。
2. 这个案例，给你带来怎样的启示？

案例二

联想集团集体不叫“总”

一、案例导读

联想是中国驰名品牌，是全球最大的个人电脑厂商，2020 年全球个人电脑出货量排名第一，名列《财富》世界 500 强。杨元庆，联想集团董事长，以前大家见面时称他为“杨总”，但如今你如果去联想就不会听到有人再叫“杨总”了，员工对他都是直呼其名。联想通过规范群体成员的行为，为企业文化的发展画上了浓墨重彩的一笔。

二、案例正文

联想集团曾经有三级总经理，称得上“总”的有 200 人。以前大家见面时，你会听到一片叫“总”的声音，这一现象引起了当时的总经理室的注意。

大家习惯叫“总”，这跟中国人对领导长辈十分尊重的传统有关，员工也有反映不叫就会给人一种不尊重的感觉。如果从存在的现实看，叫“总”正面看来是表示一种尊重，但同级之间往往又不这么叫。这里面其实体现着不平等，只有下级对上级的尊重，而没有上级对下级的尊重。

总经理室还发现，有些领导很在乎这么叫，把其作为个人权威的体现。长期以来，这种称谓就变成了一种对员工的约束。称谓带“总”，还不利于管理层人员的能上能下。一个人如果习惯被大家喊作“总”，一旦撤换就会感到很难过，就可能有抵触情绪，大家见面也会感到不好称呼了。从这一点看，以前叫“总”大家感到很正常，不叫“总”就不正常了，这正说明叫“总”是不平等的。

联想提倡的是对所有的人都尊重，尊重是没有差异的，员工要尊重领导，领导也要尊重员工。如果这个也叫“总”，那个也叫“总”，给人一种充满权力等级的味道，会造成一种僵化的企业氛围，影响员工发挥创造力，影响企业的创新与发展。这么看，员工称呼领导就没有必要带“总”了。说起来容易，做起来难，这件事在推进过程中也经过了反复。

此事先从最高层推开，总经理室互相不能叫“总”了，后来在企业中明确规定不能称“总”。负责企业文化的部门采用了一系列办法，第一步先出了一个规定，比如杨元庆自己推荐了三种叫法：杨元庆、杨先生和元庆。规定还制定了违反规定进行罚款的办法。第二步，在联想如果电脑的月销售量超过历史纪录当月底就召开简单的庆功会，庆功会现场请员工上台来对杨元庆直呼其名。这些做法可谓又详细又具操作性，但过了一周总经理室发现有的员工直呼其名就是开不了口，他们从心里感到很不习惯，叫“总”的现象又有“复辟”的倾向。经过分析原因，总经理室发现大家对直呼其名并没有从根本上理解，没有提出一种办法使大家感到不叫就不舒服，这说明方法不够好。最关键的是总经理室没把这件事看透，到底彼此直呼其名是为什么。这件事本来是给员工谋利，给员工创造一个人人平等的环境。但在某种程度上，员工叫错就要被罚款，感到有种被罚的感觉。这么做像变成了领导要求员工做什么，“要求”就会使员工感到痛苦，人只有把做某件事当作追求才能把它做好。

通过这件事，联想总经理室认识到，光靠下一个文件规定要大家怎么做，这本身就体现着不平等。

认识到位就重新来第二轮。每天上班前总经理室所有成员就站在大门前，员工来时他们主动上前问好，胸前挂着“请叫我某某”的牌子。同时各办公地点的醒目处写上“称谓无‘总’，走进文明”的标语。企业的内部网开设讨论区，每一个员工都可以对此发表言论，网上还随时发布活动消息。这一轮是总经理室真正参与进来，实现平等的行动。这个过程领导和员工双方都有了新的感受，大家觉得真正受到了尊重。

结果这一轮见效很快，叫“总”的现象基本不见了。虽然有人有时直呼其名还是张不了口，但大家明白再叫“总”是不行了。

联想解决称谓问题有一个过程，一开始大家互称“老师”，这跟联想是个学术味很浓的企业有关；第二阶段由于企业要大发展，必须强调组织性和纪律性，强化对权力的认可，这一阶段叫“总”又成为必然；取消叫“总”又是一种回归，是种上升式的回归，这也是社会竞争和企业发展的结果。

三、案例分析

联想在企业文化发展的过程中提倡尊重，为消除企业中称呼“总”的现象，从总经理室自身出发开始改变这种状况。联想出台了一系列规定，通过规范群体行为，营造上级下级互相尊重的企业环境，这些规定也成为群体成员共同接受和遵守的行为准则。

（1）通过文件规定规范群体行为。

联想总经理室最初想要通过文件规定来消除公司当中称呼“总”的现象，同时配之以惩罚措施。但是一段时间后发现，员工开不了口，称呼“总”的现象重新出现，罚款的存在也让员工感到不舒服。事实证明，这种通过文件规定来规范群体行的办法为并不能对企业员工的行为进行有效的规范，同时这是一种强制性的要求，群体成员在这种规范下被迫接受，必须执行，有时会起到相反的效果。

（2）通过营造文化氛围规范群体行为。

在第一次尝试失败之后，联想总经理室反思问题，通过总经理室牵头，着手营造企业互相尊重的文化氛围，通过耳濡目染的方式影响公司员工的行为，达到预期效果，联想公司内部叫“总”的现象基本不见了。

四、案例拓展

每个企业的发展，都是这个企业员工共同努力的结果，对企业员工这一群体的管理对企业的发展至关重要。联想消除叫“总”的现象是通过规范群体行为实现的，也是群体成员对企业文化的一种回应，对其他企业规范群体行为提供了良好的借鉴。

（1）企业文化。企业文化对一个企业的发展影响深远，营造适合本企业发展的企业文化是每个企业都需要重点关注的。联想在不同时期对领导有不同的称谓，这反映出联想企业文化的变迁，简单的称谓反映出企业在不同时期追求的不同目标，这是值得其他企业借鉴的。

（2）换位思考。企业政策的推进是一个循序渐进的过程，也是一个换位思考的过程。政策制定层和政策对象层应该增进理解，特别是上层领导对政策的推进要深入反思、斟酌，学会站在政策对象层的角度看待政策是否合理，从而有效地推进政策的实施。

（3）敢为人先。群体中的个人易受从众心理的影响，第一个吃螃蟹的人十分难得。决策层或者领导层要敢为人先，身先士卒，为普通员工做表率，从而影响群体行为，同时这样也有助于进一步推进政策的落实。

五、案例思考题

1. 结合案例分析地位与地位符号对群体有怎样的影响。
2. 联想不许叫“总”这个群体规范是怎样形成的？对群体有怎样的影响？
3. 联想对领导称呼的变化过程，给你什么启示？

案例三

宁波镇海反对PX项目群体性事件

一、案例导读

因对中石化镇海炼化分公司扩建1 500万吨/年炼油和120万吨/年乙烯一体化项目中，涉及PX(Paraxylene，对二甲苯)项目的部分可能对环境造成的污染表示担忧，2012年10月22日，附近村的近200名村民到区政府门前抗议，称该项目离居住地太近。镇海区政府回应称项目符合环评要求后，却又引发了更大一轮的游行示威活动。直至28日，宁波市政府"坚决不上PX项目"的决定做出，抗议活动才逐渐平息。继2007年厦门、2011年大连之后，PX项目再次成为主角。越来越多的城市因为环境问题爆发群体性事件，反映出公民环境意识和权利意识的觉醒，而政府部门在应对此类事件中的经验和危机意识，似乎并没有随着越来越多的邻避运动发生而有所改变，以致有媒体感叹称"跨过PX这道坎，是中国走向现代化的必修课"。如何妥善处理环境群体性事件，已是摆在当下中国政府面前一道不容忽视的"真问题"。

二、案例正文

位于宁波市镇海区境内的宁波石化经济技术开发区成立于1998年8月，前身为宁波化工区，2010年12月升格为国家级经济技术开发区。这一开发区内有镇海炼化、LG甬兴(韩国)、阿克苏诺贝尔(荷兰)、大安化学(日本)、中金石化、中化化学品等众多化工企业。化工区的支撑项目为炼油和乙烯。其中，镇海炼化是中国内地规模最大的炼油公司，具有年炼油2 000万吨，年产100万吨乙烯、20万吨聚丙烯、45万吨对二甲苯(PX)的生产能力。成立以来，宁波石化经济技术开发区曾经发生多次环境污染事件。2007年9月，宁波LG甬兴化工有限公司因螺栓被盗发生400吨左右丙烯腈泄漏事件，造成附近空气和地下水污染。2012年4月底，澥浦镇一家化工厂偷排有毒气体，导致到果园采蜜的300万只蜜蜂一夜全数暴毙。由于开发区地处镇海区西北，位于冬季偏上风向，其带来的环境问题也颇受镇海区居民的关注。2002年5月16日—17日，镇海居民就曾因两家化工厂偷排有害气体而上街，堵塞交通。2004年起，宁波市镇海区环境保护局在国内率先引进大气特殊污染因子环境监测系统并尝试与居民沟通，被学者称为"政府与公众在焦点问题上如何沟通的一个良好案例"。

对二甲苯(PX)是重要的化工原料，最主要的用途为制造对苯二甲酸(PTA)以进一步合成聚酯材料。在化学品安全说明书(MSDS)中，PX属于低毒物质，而国际癌症研究机构(IARC)则将PX规定为第三组，即现有的证据不能证明对人类致癌，但高浓度和长期接触仍可对人体产生危害。此外，PX生产过程中可能释放苯和硫化氢等有毒物质，对环境造成危害。

在中国内地，PX的需求量极大，但处于供给不足的状态。2010年，中国内地PX产量为810万吨，消费总量为950万吨，其中进口330万吨，主要的产能位于华东地区。尽管没有充分证据证明PX的危害，一些对于PX的谣言，例如PX高度致癌，以及工厂必须距离居民区100公里以上等言论广为流传。在宁波之前，厦门和大连在2007年和2011年分别发生了两次民众抵制PX项目的事件，均获得政府的正面回应。

本次事件涉及镇海炼化一体化项目，主要由炼油工程、乙烯工程和公用辅助设施3部分组成。项目总投资估算约558.73亿元，选址位于宁波石化经济技术开发区内，占地面积约422公顷，年炼油1 500万吨，年产120万吨乙烯，其中包括建设PX生产装置。炼化一体化项目是由国家化工产业振兴计划所确立的国家生产力布局重点战略项目。项目的建设对国家海洋经济发展战略的实施和区域经济的发展具有重要意义。炼化一体化项目按照环保部和省、市、区环保部门的要求，执行最严格的排放标准，采用先进的清洁生产工艺和技术，对工艺产品方案和主体装置组成进行优化，其中环保总投入约36亿元。至2012年10月，该项目已完成部分前期工作。

从10月初开始，陆续有部分村民就该项目落户后的相关环保问题及村庄搬迁问题到镇海区政府信访。10月22日，宁波镇海湾塘等村数百名村民，以该市一化工企业(PX项目)距离村庄太近为由，到区政府集体上访，并围堵了城区一交通路口，造成群体性事件。10月24日，宁波市镇海区政府发布《关于镇海炼化一体化项目有关情况的说明》，称经与村民沟通，集体“堵路农民已散去”。然而，在10月25日、26日，镇海区居民继续举行大规模封路抗议。10月27日，有数百名宁波市民来到天一广场，拉起了反对PX的横幅。抗议的源头在距离宁波市约30公里外的镇海区澥浦镇，这里是宁波石化经济技术开发区所在地。区域内最大的企业中石化镇海炼化分公司即将扩建炼化一体化项目。作为前期筹备，政府计划迁走项目扩建地附近的几个村庄以种植防护林，隔绝工厂生产可能带来的污染。距离项目工地1 600米远的棉丰村在迁移计划内，但相邻的南洪村因为距离1 700米而成为保留村，因此引发村民抗议。南洪村村民要求也迁离这工厂密布、烟囱林立的化工区，同样的要求波及相邻的湾塘村。

10月27日下午，宁波市委、市政府召开全市领导干部会议，就广泛征求群众对镇海炼化扩建一体化项目的意见做出进一步部署。会议强调，要多途径征求群众意见，畅通群众诉求渠道，搭建联系群众、服务群众平台，积极主动回应群众的合理诉求。各级干部要深入农村社区，与群众面对面进行沟通，充分听取民声、民愿。当晚，省委常委、宁波市委书记王辉忠，宁波市委副书记、市长刘奇又分别主持召开座谈会，就镇海炼化扩建一体化项目面对面听取群众意见，先后听取了镇海蛟川街道、招宝山街道和獬浦镇部分社区、村的居民代表，以及区老干部、区人大代表、区政协委员的意见和建议。10月28日，宁波市政府经与项目投资方研究决定坚决不上PX项目，炼化一体化项目前期工作停止推进，再做科学论证。

三、案例分析

宁波镇海反对PX项目群体性事件，正是政府和项目投资方与群众在前期沟通不当所造成的。有效的沟通是在有目的沟通的基础上达到双方沟通的目的，良好的沟通需要双方就某件事达成一致的意见，不能是一种我明白你的意思但不同意你的观点的情况。

一方面，镇海区政府与项目投资方在项目运转前与当地群众缺乏有效的沟通。为促进区域经济的发展，镇海区政府与项目投资方按照环保部和省、市、区环保部门的要求，执行最严格的排放标准，对扩建一体化项目进行了科学的安排，但是这些活动的开展并未与当地群众进行沟通。习惯于为民做主，没有与群众开展有效沟通就开展工作，很容易在群体当中产生不满情绪，从而诱发群体冲突。

另一方面，当地群众解决问题的方式欠佳。在问题产生之后，当地村民选择集体上访、围堵交通路口的方式来解决问题，进而衍生为大规模封路抗议。这种问题解决方式只会给更多的人带来困扰，并不能有效地促进问题的解决。

群体沟通不当极易造成群体冲突。宁波镇海反对PX项目群体性事件，正是因为群体沟通不当造成的。作为项目制定者和执行者，在项目运转之前要充分考虑各方主体的利益，通过与各方的有效沟通规避风险，从而促进项目的有效运营。作为项目涉及主体，面对涉及自身利益的项目，要冷静对待，正确处理，通过积极的方式解决问题，而不是恶化问题。

四、案例拓展

有效的沟通需要双方持有尊重、合作、平等的心态，保证沟通渠道的多样化，营造良好的倾听环境，注重沟通的准确性和清晰度，只有这样，才能减少沟通障碍，杜绝不必要的群体冲突。

持有尊重、合作、平等的心态。在沟通过程中，双方应相互理解、信任和支持。就像上述事件中，政府和项目投资方应该对当地居民坦诚相待，将PX项目的情况详细说明；居民也应该充分理解政府和项目投资方的初心，双方友好沟通，从而促进问题的解决。

保证沟通渠道的多样化。沟通，不能仅仅局限于一种方式，如上述事件中的上访、围堵交通路口等，属于一种暴力行为，并不能有效解决问题。当地居民可以通过更为温和的方式，与当地政府和投资方有效沟通，对自身对社会都有益处。

营造良好的倾听氛围。领导者应集中精力解决主要问题，通过优化组织结构层级，保证沟通顺畅进行。领导者在看问题时要全面、系统，关注到多方的利益，从而营造良好的沟通氛围。

注重沟通的准确性和清晰度。信任是成功的基础，有了信任才会有合作和支持，也容易得到彼此的认同。在沟通过程中，双方要相互信任，传递准确和完整的信息，观点明确、结论清晰、数据充分。

五、案例思考题

1. 如果你是PX项目的负责人，你会通过何种方式与群众进行沟通？
2. 面对群体性事件，应该采取何种方法有效应对？
3. 在宁波市政府解决问题的过程中，有什么可取之处？

案例四

宁顿公司的高度凝聚力助其占领电子游戏市场

一、案例导读

杰克兄弟的名字对于许多成年人来说没有任何意义。但是，最近一次针对美国在校学生的民意测验结果表明，美国学生对杰克兄弟的熟悉程度甚至高于对米老鼠的熟悉程度。宁顿公司售出了 4 000 多万套超级杰克兄弟的软件，杰克兄弟成为长期畅销的电子游戏系列。这并不表明竞争对手对此无动于衷，有些对手推出了极富竞争力的产品。例如，国际电器公司设计出优于宁顿公司所推出的偶像产品，因此它才应该是赢家。然而不幸的是，那么多的年轻人还是着迷于宁顿公司的产品，以至于国际电器公司只能占有不足 10%的美国市场。宁顿公司如何占领了电子游戏市场？其成功的秘诀就是在员工以及签约商中产生高度凝聚力，并获得了高生产率与高利润的回报。

二、案例正文

在宁顿公司的研究与开发中心，一群群不修边幅的年轻工程师们聚集在屏幕前，全神贯注地反复试验、操作研发中的电子游戏软件。有时，研发中心的主任还将中心的 200 名员工分成竞争小组，相互比赛。其结果是：工程师们学到了更多的诸如游戏是如何运行的、什么设计是有效的、什么设计是需要改进的等方面的知识。他们热爱自己的工作，那些不愿意因下班而中断工作的员工得到的加班费相当丰厚。

宁顿公司并未将电子游戏的开发仅仅局限于自己的研发中心的人员。90%的游戏来源于外面的签约开发商，他们承担着开发与营销新产品的风险。如果某个开发商的某个游戏被认定值得加进宁顿公司的产品线中，那么该开发商就要与宁顿公司签约，给宁顿公司支付游戏软件的生产费用、营销与广告费用，并同意不将该游戏提供给其他公司生产。而签约开发商也会在每一个新的合作项目中得到一笔数目可观的专利权税。纳卡姆 4 年前开发的《龙之问》销售了 1 000 多万套，如今的纳卡姆早已是百万富翁。而他仅仅是被称为“一群自我实现的百万富翁”签约开发商中的一位。纳卡姆自己的公司与宁顿公司合作密切，从宁顿公司那里，纳卡姆学会了要保持高凝聚力，以及应如何对待自己的员工。

宁顿公司发现，开发这些游戏是如此激动人心，以至于员工们看来都忘我地投身于工作之中。未来的计划更是令人激动的挑战：公司目前正致力于开发出更多针对成年人的游戏，并推出新一代游戏机，它比现在的游戏机能够制作出更多的电子游戏形象；还试图开展全国性的电子游戏联赛，客户能够在自家起居室中通过将宁顿产品和计算机、电话线连接来参加比赛。同时公司也并不准备放弃青年人的市场，宁顿公司最近向某理工学院支付了300万美元用以研究孩子们是如何学习的。显而易见，公司希望客户与开发商和签约商一样为电子游戏而着迷。

三、案例分析

宁顿公司所取得的成功，是建立在群体凝聚力基础上的，是群体共同努力取得的成果，与宁顿公司团队的高凝聚力是分不开的。

首先我们要思考，高凝聚力是如何作用在群体目标上的。高凝聚力团体不一定能产生积极工作的自觉性。内部非正式的凝聚力与群体目标不匹配，是无法促使公司业务高效完成的。而要达成群体目标，个体必须认同群体目标，然后为了群体目标发挥主动性、积极性和创造性。宁顿对于凝聚力实施了正确的目标引导机制。研发中心是宁顿的核心力量，工程师们在竞赛中了解游戏的运行情况、设计效果，发现不足和漏洞，自行制定目标，完善产品。这其中包含了权力的合理下放，再加上公司薪酬优厚，能使员工感受到自己的价值得到体现，从而认同公司，由此形成群体规范。员工目标一致、相互依赖，团队任务对员工保持吸引力，有利于公司利益的绩效达成，避免了内部非正式群体产生的负面影响。

其次我们要思考宁顿是如何通过高凝聚力使团队绩效大于个体绩效之和的。一个高效的团队通常具有以下特征：清晰的目标、相关技能、相互信任、谈判技能。专业技能不用赘述，谈判技能暂且看不出来，但是目标明确、相互信任，是能够从案例中看出来的。在电子游戏市场上，案例中也提到了国际电器公司，该公司设计出了优于宁顿的产品却没有成功占领市场，对比宁顿长期占有畅销榜榜首的成绩，不难看出研发中心和签约开发商的作用。宁顿大约只有10％的产品出自内部，团队规模达到最佳，有效避免了因团队庞大而产生的社会惰化。宁顿研发中心内部也时常进行分组竞赛，共同探讨，避免群体偏移。已经进入成熟期的团队的凝聚力，使每个人都能发挥特长，优势互补，产生协同效应。从宁顿的未来计划中也可以看到宁顿的目标非常明确，阶段性成果也一目了然。

宁顿以明确的团队任务为导向，使每个团队成员明确团队的目标、行动计划。个人与整体在合理的结构布局下，充分发挥能动性，从微观和宏观上，保证员工不遗余力地达成企业目标。

四、案例拓展

从宁顿公司这一案例我们能够看出，随着公司员工个体忠诚度的提高，他们的群体凝聚力也进一步提高，在工作中也更为卖力，从而推动了公司整体实力的提升。

（1）提高群体凝聚力，有利于提高群体成员的士气。高凝聚力的群体具有高昂的工作精神，有为实现目标积极进取和不断奋斗的精神，群体成员间的关系和谐融洽，矛盾少，具有很高的满意度。宁顿公司中，团队成员积极向上，在竞争中合作，在合作中竞争，推动游戏软件的更新换代，从而促进公司业务水平的提高。

（2）提高群体凝聚力，有利于激励成员更多地参与群体事务。高凝聚力的团队，其成员更乐于参与到群体事务当中去，乐于相互支持，进行更频繁的信息沟通，从而不断增进感情，取得一致性，反过来又促进了群体凝聚力的提升。就像宁顿公司员工之间的配合，以及公司与其他团队的合作，都是在相互支持中取得了优秀的工作业绩。

（3）提高群体凝聚力，有利于促进群体生产率的提高。高度的参与和信息的沟通、高昂的士气和较高的满意度、更高的主动性，高凝聚力团体有助于实现群体所追求的目标。宁顿大约只有10%的产品出自内部，有效避免了因团队庞大产生的社会惰化。宁顿研发中心内部也时常进行分组竞赛，共同探讨，避免群体偏移，使得每个人都能发挥特长，优势互补，促进公司整体水平的提升。

五、案例思考题

1. 什么是群体凝聚力？凝聚力高是否群体效率也高？为什么？
2. 宁顿公司如何在其研发中心的员工中激发高度的凝聚力？
3. 宁顿公司是如何从高凝聚力中受益的？

案例五

巴巴拉零售联盟组织的“集体决策”

一、案例导读

近年来北京的高中低各档商场以多种不同的经营形式与风格出现在首都人的面前。商业网络密布致使许多零售企业的盈利下降，而此时的巴巴拉零售联盟组织的利润却大幅度上升。巴巴拉零售联盟组织的高级管理人员将这一盈利成绩归功于其相对新型的管理方法。这种方法是从日本同行那里学来的——以“集体决策”的方式作为企业管理的中心。

二、案例正文

巴巴拉零售联盟组织董事长王勃先生在公司运转过程中采取协商一致的管理方法，使管理人员有足够的机会参与企业的主要决策。这样做的最大好处是可以帮助管理人员了解公司组织各个层次的工作状况，同时集体管理的方法有利于培养管理人员。例如某委员会的工作涉及诸如策略问题等政策领域，许多年轻的管理人员通过参与集体决策逐渐熟悉了公司所面临的关键问题。

尽管巴巴拉零售联盟组织的大多数管理人员认为集体管理的方法很成功，但也有少数人持反对态度，马骏就是其中态度最坚决的一位。他认为管理人员参加委员会会议是浪费时间，集体决策是妥协的产物，而且最终产生的可能不是最佳决策。

然而他的同事们却指出集体管理方法打破了一些部门之间的壁垒，促进了部门之间的协调。他们承认集体制订计划可能是费时的，但计划的实施却很迅速。他们还认为集体管理方法鼓励管理人员去探索比个人决策更多的可供选择的方案，有年龄不同、观点不同的人参加讨论是一种极佳的决策过程。

马骏不同意这些意见。他指出巴巴拉集体管理之所以行得通只是由于现任董事长的管理风格在很大程度上影响着大家。一旦他退休了，新的董事长是否会保持这一管理风格并不能肯定，到那时巴巴拉管理人员之间的合作也就结束了。

三、案例分析

集体决策又称群体决策，是相对于个人决策而言的，是一种在决策过程中由群体共同做出的决策。优点是：能更大范围地汇总信息，提供更为全面的信息；能拟订更多的备选方案；能得到更多的认同；能更好地沟通；能做出更好的决策；有利于调动成员的工作积极性；可提高决策的执行度。缺点是：时间长、效率低、成本高、内耗大、产生“从众现象”以及责任不明等。

首先，从决策的群体规模上看，参与制定决策的人员越多提出意见的可能性就越大，就越需要花费更多的时间、做出更多的协调来达成相对一致的意见，这样决策效率较低，浪费时间，且最终的决策是妥协的产物。但要是决策群体成员不能够真正地集思广益，都以一个声音说话，那决策的质量就难以得到提高。

其次，一旦现任领导退休，新任董事长不一定认同以往的管理风格，所以公司原先培养起来的群体决策风格和氛围可能因为领导者的变更而荡然无存，员工需要花费更多的时间来适应新的决策方式，对员工工作积极性可能会有一定的影响。

此外，组织在决定是否采用群体决策方式时，必须考虑其决策质量和可接受性的提高是否足以抵消其决策效率方面的损失。群体决策会花费较多的时间来达成相对一致的意见，这就需要领导者将决策收益与决策效率方面的损失进行权衡，从而选择更为有益的方式。

另外，在现代组织中群体决策是否能广泛推广和应用并取得预期的效果，实际上是和组织文化特征密切相关的。因此要积极建立与群体决策相匹配的组织文化。组织生活被看作是个人生活中不可缺少的部分，个人与同事、与上级的关系不仅是单纯的工作和服从关系，还带有很深的情感联系。他们倾向于以集体的方式开展活动并崇尚个人对组织目标的认同，只有建立与群体决策相匹配的组织文化才有可能产生有效的群体决策。

四、案例拓展

个人决策和群体决策各有各的优势，对群体决策和个人决策进行比较，可以更加清晰地理解群体决策的利弊。

(1) 决策的正确性和速度：群体决策有许多成员参加，他们的知识面较广，能够产生较多的可供选择的方案，又具有校正错误的机制，因而群体决策比较正确。但由于群体决策的过程是群体成员一起对问题进行分析、讨论，并达成一致意见，因此，比个人决策花费的时间要多。当决策的正确性比决策速度重要时，群体决策较为优越。

(2) 决策的创造性：个人决策通常比群体决策具有较大的创造性，个人能产生较多较好的主意，而群体决策由于受到不同意见和论点的约束，以及害怕被人认为愚蠢等心理制约，不容易使决策具有较大的创造性。个人决策适于工作结构不明确、需要创新的工作，而群体决策过程适合于任务结构明确、有一定执行程序的工作。

(3) 决策的风险性：许多企业管理人员认为，群体决策可以抑制冒进的行为，在选择较多或较少风险性的两种行动时，将趋向于保守。然而，许多组织行为学家的研究却提出了相反的结论，认为群体决策具有更大的风险性。因为个人在群体中容易隐蔽自己的意见而附和众议，而且群体决策由群体承担责任，其成员容易产生不负责任的倾向。在群体决策过程中会发生保守或冒险两个极端的倾向，即群体决策的极化现象。这主要取决于占优势的群体气氛。如果群体成员大多数都比较保守，群体决策也将比个人决策更保守。如果群体成员大多数都有冒险倾向，则群体会做出更有风险的决策。

个人决策和群体决策孰优孰劣，这取决于衡量决策效果的标准，关键在于事情的复杂程度。在我们的日常生活中，要因时而异，根据不同的情况选择不同的决策方法。要运用先进的决策方法来帮助选择可行的决策方案，使集体决策适当与个人决策结合，决策最终需要由高层管理者定夺，减少时间的浪费。

五、案例思考题

1. 从巴巴拉零售联盟组织的发展中我们能看到群体决策的哪些优点？
2. 群体决策和个人决策孰优孰劣可以从哪几个方面分析？

案例六

美国时代华纳公司群体决策事件

一、案例导读

2000年春季，时代华纳最终完成了与美国在线的合并。就在批评者纷纷指责这场并购活动会带来难以驾驭的市场垄断时，你一定以为时代华纳的管理层会很在意自己在公众面前的形象吧，但是，它在4月30日做出的决策使它的形象黯然失色。

二、案例正文

当时，时代华纳正在与沃尔特·迪士尼公司重新谈判，确定华纳公司使用迪士尼有线电视的3个频道需要支付多少费用，以及迪士尼公司是否会继续赋予时代华纳转播ABC(美国广播公司)新闻网的权利(ABC属于迪士尼公司)。谈判在5个月前就开始了，但却一直没有结果，最后期限被延长了7次。时代华纳公司与迪士尼公司谈判者之间的相互仇恨越来越深。到4月底时，它们终止了面对面的对话，相互之间的沟通仅仅通过传真方式来进行。

4月26日，离最后一次谈判的截止日期仅差5天，也是时代华纳在ABC拥有转播权的到期日，ABC向时代华纳公司发了一份传真，通报说，截止日期之后，迪士尼公司希望时代华纳在1个月的扫描时段里继续转播ABC的节目直到5月24日，这段时间电台测查观众的意见以决定要选择的广告公司的类型。时代华纳公司过去一直坚持的是8个月的延长期，这封传真的口气使时代华纳公司的一些高层经营者火冒三丈，他们感到ABC以一种命令的口吻在进行谈判。

在时代华纳内部，高层经营者们开始考虑在他们提供有线电视服务的350万用户中终止ABC的节目。一些人认为终止节目相当冒险。由于有线电视公司并不十分普及，而且常被视为实行价格垄断，所以，一些时代华纳的高层人士担心，受到指责的会是他们自己而不是迪士尼公司。其他人则认为，迪士尼公司是问题的导火索，如果时代华纳公司能有效地传达这一信息的话，迪士尼应该会受到更多指责，至少也会受到同样程度的指责。同时，他们怀疑，ABC会因此而失去每天300万美元的广告收入。他们盘算着，对ABC信号的封锁，可能会最终使迪士尼公司同意时代华纳的条款。

4 月 30 日，星期日，依然没有达成协议，时代华纳与迪士尼之间越来越多的是简短传真，没有一方改变他们的要求。上午 8:30，迪士尼的高层人士察觉到，时代华纳采用 ABC 节目对他们进行威胁将会成为现实，尽管他们对此感到难以置信。同时，时代华纳的高层人士也相信迪士尼注意到了这一点。“显然他们并不认为我们会妥协，我们也不认为他们会让我们妥协。”弗雷德・德斯勒说，他是时代华纳公司的副总裁，同时又是谈判小组的领导人。

最后，由于没有收到迪士尼方面的妥协协议，时代华纳的高层人士认为自己没有退路了。时代华纳有线电视公司的总裁打电话给公司 CEO 杰拉尔德・莱文，说他们要让工程师终止 ABC 的信号，莱文支持了这项决策。5 月 1 日中午 12:01，ABC 的屏幕出现了静止状态，而且，在蓝色屏幕上打出了一行黄色亮字：“迪士尼公司将 ABC 信号移走”。

24 小时之内，纽约市长对时代华纳公司这种挤垮竞争对手的垄断行为进行了抨击。迪士尼公司急派公司律师至联邦通信委员会(FCC)华盛顿办公室，要求委员会出面强制时代华纳公司转接信号。事件的情况很快明了，在辩论过程中，FCC 站在迪士尼一边。第二天星期二，纽约《时代周刊》发表了一篇文章，指出美国在线与时代华纳的合并，对迪士尼公司的威胁是真实存在的。此时，时代华纳的高层管理者越来越清晰地发现，在这场战争中，他们正在失去公众的支持。

周二下午，在 ABC 信号终止了 39 小时之后，时代华纳公司召开了一个新闻发布会，并通报说它给迪士尼公司提供 6 个月的延长谈判期。第二天，FCC 指出，时代华纳在扫描时段终止 ABC 信号是违反法律的。

时代华纳公司的高层人士事后承认他们犯了错误。他们说他们对法律的理解存在误区，并且错误地假定这项活动应由迪士尼公司负责：“为什么我们现在决定要表明态度呢？”德斯勒问道，“我们以为这是一个恰当时机，但它使事情的发展变得不可收拾。”

三、案例分析

实际的决策过程常常不是规范和理性的，而是受到许多社会和心理因素的影响。因此，群体决策过程与群体中各成员的价值观念、信念、态度、期望以及群体规范等都密切相关。就像上述案例中时代华纳公司的决策，就是一次失败的群体决策。

(1) 情绪在本例中起到了消极的作用，造成了决策的失误。情绪是人的情感的表现，它带有很大的主观随意性。一个人的情绪稳定是相对的，波动是绝对的。稳定而健康的情绪对决策会产生好的影响，躁动和偏激的情绪对决策失误影响巨大。领导者凭着情绪进行决策，跟着感觉走，往往造成决策失误。通常，一些决策者一拍胸脯“这样定我负责”，就是情绪化决策的典型反映。

(2)“群体的力量”对决策的影响有积极方面也有消极方面。决策的诞生，可能是集体智慧的结晶，具有一定的科学性。但当大多数人的选择是错误的时候，因为群体决策的原因，人们会选择这一错误的方案，这对问题的解决是有消极影响的。时代华纳公司的高层决策者做出了错误决策，无助于问题的解决，反而使他们陷入被动之中。

(3)理性的决策要能看到事情的两面，做好可行性分析。时代华纳公司的高层管理者认为他们切断信号的好处是让迪士尼公司妥协，迪士尼公司会因此损失很大一部分利益。但事实上，他们没有考虑到这项决策的其他影响因素，比如政府是否会介入、公众是否支持等。所以在决策生效之后，政府介入，群众不支持，时代华纳公司逐渐失去了公众的支持。这是一时冲动的决策所带来的不好的影响，提醒我们在群体决策的过程中要充分理性地思考问题。

四、案例拓展

实际决策的过程会受到诸多社会和心理因素的影响，心理学家亚历克西斯等认为，在这种情况下，参加决策的人将运用某些寻求解决办法的策略(计划或模式)。采取何种策略，又取决于决策的时间、信息掌握的程度和其他一些认知因素。

群体首先要诊断问题，确认问题的性质和问题产生的原因，并提出解决这些问题的标准；其次，群体成员可以提出各种可能的解决办法，找出可供选择的方案；最后要分析可选择的办法，做出决策并进行群体讨论，比较和权衡不同办法的利弊，从而制定有可能获得最佳结果的解决办法。

五、案例思考题

1. 这一案例说明情绪在决策中具有什么样的作用？

2. “群体的力量”如何影响决策？

3. 在这一过程中，时代华纳公司的高层管理者能够做什么使其结果更为有利？

第四章

团队心理建设

案例一

青岛地铁的员工“复工心理处方”

一、案例导读

2020年2月中下旬，随着外乡人员陆续返青，青岛地铁2、4、11号线提速复工火力全开。为了确保复工防疫两不误，使广大一线人员全身心投入地铁建设中，青岛地铁集团工程建设分公司（四号线公司）党总支成立了参建人员心理疏导危机干预工作领导小组（简称心理援助领导小组），带领线路基层党支部组建了18支心理援助队伍，招募志愿者58人，在线对志愿者开展岗前“EAP（员工帮助计划）及心理学知识云培训”，通过理论学习和案例分享，强化志愿者心理援助技能素质，提升心理援助道德水准和援助信心，为疏导疫情带来的心理影响、助力线路全面复工起到了积极作用。

二、案例正文

2020年1月30日，青岛地铁集团成立集团疫情防控心理关爱工作组，制定了《青岛地铁防控疫情心理关爱工作计划》，通过心理危机干预“暖心”行动，为全体职工、家属提供专业支撑和人文关怀，为战“疫”胜利贡献自己的力量。

隔空不隔爱，温暖线上传

“回单位接触的人更多了，一想到这儿心情就有些焦虑，不过通过你们发送的科普文章和视频现在好多了，谢谢公司，谢谢你们，感激不尽。”“再叮嘱几句，一定把自己的生活调节好，放松心情，不要紧张，可以适当做点室内活动，有需求随时联系我们。”这是地铁心理关爱工作组通过企业微信与职工们进行“心贴心”交流的一段对话。

工作组主动了解掌握职工们的工作生活情况和身心健康状况，通过发送心理科普文章、减压视频等方式，缓解员工的心理压力，普及疫情防控知识，引导员工科学防护，舒缓复工后的心理压力。因部分坚守岗位的员工不能和家人团聚，工作组开展“隔空不隔爱，我们在一起线上拥抱”的活动，让员工与家属能够及时沟通交流，感受到爱的温暖，有效疏解心理压力。

工作组分别给40多名外地返青隔离人员发送了关爱信，告知在隔离期间可能会出现的负面情绪以及调整的方法，让员工在隔离状态中依然能感受到企业的关爱和支持。同时工作组一一给隔离人员拨打了慰问电话，带去了领导和同事的问候、关爱，让员工在特殊时期感受到了公司强有力的支持，增强了归属感。工作组同时也密切关注在疫情防控期间坚守岗位的管理人员以及复工后职工们的心理变化，并及时为他们减压。

制订关爱工作计划，心理预防与干预并进

自1月30日成立集团疫情防控心理关爱工作组以来，心理关爱工作组制定《青岛地铁防控疫情心理关爱工作计划》，共发布应急事件的心理科普文章6篇，应激状态的正念减压音频4个，应急事件的心理关爱微课视频6个，点击量已破8 000次。同时工作组开通心理服务热线，工作时间从上午9点到晚上7点，聘请心理专家向全体职工及家属提供心理咨询服务。针对返青人员需隔离观察实际情况，工程建设分公司创新线上服务，在“疫情防控信息系统”的基础上，设立“防疫和安全科普”和“心理服务”平台，开展实时宣传引导、线上每日一谈等活动，使一线工友虽被隔离仍能感受到家的温暖。截至目前，系统平台防疫科普视频收看量已达3 220多人次，参加疫情防控知识考试1 675人，“心理学状态焦虑量表”共采集1 588份，评测筛出焦虑状态可能性大的共49人次，自愿加入心理咨询微信群44人，系统上线以来得到一线人员广泛参与和支持关注，为全面提升复工人员心理健康水平打下坚实基础。

围绕疫情的发展，工作组下一步的重点是疫情后的心理干预与支持，一是为预防一线员工心理疾病的发生，工作组采取音乐放松训练、个体心理咨询、视频聊天等方式，分批次、分步骤开展心理疏导；二是针对复工后各岗位分批开展日常工作中的心理资本建设，结合电影赏析、视频讲座、网络课程等方式，引导大家用积极的视角看待疫情，从危机中看到机会，重建对自己、对环境的信心。

三、案例分析

所谓公共危机，是指突然发生并危及公众生命财产、影响社会秩序、破坏公共安全、对社会价值和行为准则构成严重威胁、在短时间内政府和社会必须采取有效应对措施的公共事件。2003年的“非典”危机和2020年的新冠肺炎疫情危机，均属于较为严重的公共危机。当人们比较稳定的生活状态被突然发生的危机所打破，安稳的心理需求被剥夺时，人们的安全感会丧失从而引发恐慌。在公共危机暴发之时干预社会群体的心理状况成为公共危机管理领域的一项重要研究命题，具有极为显著的研究意义以及价值，本次青岛地铁的员工心理关爱计划就属于公共危机管理中的群众心理干预。公共危机中的心理干预需要遵循以下三个原则：

(1) 协调性原则。

这一原则主要体现在三方面：一方面是要与整个危机相协调，把生命放第一位。这个时候可以用简单的鼓励和问候语干预，但不宜进行过长过多的心理干预活动。二是各个受灾地区的心理危机活动要协调。政府部门要发挥相关职能来对资源进行协调分配，不能造成某一受灾地区专业人员多但受灾人群少，而另一地区受灾人数多却提供的救援人员少的情况。三是要对心理危机干预指导的技术进行协调，除了对专业从事心理危机干预工作的人员进行相应的日常培训之外，还要对一些临时参加救灾活动的志愿者群体进行临时的心理危机干预工作知识及技巧的培训。

(2) 预防和控制并举原则。

不能等受害人群心理有问题的时候再采取干预措施，而是应该在灾难发生之后就及时地进行干预，这样也可以减少日后干预的工作量。一般来说要在危机事件发生的两天内对人群进行心理辅导，防止他们出现心理问题。及时进行疏导不仅可以减轻日后心理工作者的一些压力，也可以提高国民的整体心理健康水平。政府和企业应该及时预防心理危机的出现，并且应该开展教育讲座提高国民的整体危机心理预防意识，以便人民可以在危机发生时及时改善自己的心理状态。

预防式危机干预模式从心理危机的发生源头出发来预防心理危机状况的发生，主要通过社会公众的危机应急技巧培训以及相关的危机意识培养等方式来进一步提升社会公众对危机事件的全面客观的认知和理解。

(3) 分阶段干预原则。

公共危机事件的发生对受灾群众造成的影响是不可估计的，可能影响到受灾群众的一生。一次性的心理干预不能解决所有的问题，也不适合解决所有的问题。所以在进行心理干预的时候也不能一蹴而就。第一阶段的干预要有利于稳定受害者情绪、减少恐慌，在危机后很短时间内就需要进行；第二阶段的干预针对的是被危机事件影响的群众在7～30天之内出现的心理问题；第三阶段的干预要注重恢复和重建。

四、案例拓展

企业复工复产后，面对经历了不同程度心理应激的员工，应该如何做好员工心理援助？根据心理学原理、疫情防控形势和企业复工复产需要，案例给复工企业管理者带来的启示主要有以下五点：

(1) 成立心理干预小组。

相关部门应从企业提前抽调有心理学、社会工作、医学专业背景的人员，成立心理干预小组。要提前做好摸底工作，包括初步评估需干预的工作对象及其分布、数量，制定实施初步心理干预的办法，确定干预的标准，编制、印刷心理干预评估相关资料等。

根据摸底情况，心理干预小组应提前将需要关注的员工进行分类管理，其中第一类和第二类为重点关注对象。第一类为新冠肺炎确诊员工、去过高风险地区的员工；第二类为疑似感染新冠肺炎员工及其直系亲属、去过中风险地区的员工；第三类为亲属是医务人员、假期内有感冒发烧症状的员工；第四类为小区有确诊病例的员工、假期情绪异常的员工；第五类为其他需要心理援助的员工。

成立专门团队，做出积极应对，是企业加强员工心理健康管理的基础工作。

(2) 快速甄别关注对象。

如果一个人在身体症状、心理感受、情感体验方面出现以下几种表现，那么就代表着他需要企业加强心理健康管理。

在身体症状上，表现为经常失眠，容易惊醒，易疲劳，食欲不振，消化功能紊乱，有窒息感等不良体验。在心理感受上，表现为精神持续紧张，有恍惚感，长时间处于心理戒备状态，不言不语或易冲动，有悲伤、恐惧、无助感、容易受惊，怕出门被感染，一想到上班就害怕。

快速甄别出这类员工，是企业有针对性地提供心理援助、顺利复工复产的关键一环。

(3) 找到心理问题的根源。

人们产生心理问题的根源，是经历了一系列刺激性事件，产生了一系列应激反应，长期支撑自己的价值理念突然瓦解，新的价值理念尚未形成。

因疫情而改变的东西非常多。人们一起床，铺天盖地的疫情信息便扑面而来，生离死别的痛苦、负面言论的冲击等，时刻在撕扯着人们脑子里早就形成的对世界、人生等的固有看法。还有，对该病的了解不够，导致心理上出现不安全感。生活的无序状态，也使人们的心理产生不适应。

让人们产生压力的原因并不是压力本身，而是人们如何认识和思考压力。找到员工产生心理问题的根源，就能找到解决员工心理问题的方向。

(4) 选准科学方法。

心理学研究表明，可预见性、可控制性及有反馈信息对于是否发生应激反应至关重要，在大多数情况下，如果能够预见和控制事件的发生并能对造成的影响有反馈，便能大大减少应激反应发生的可能性。企业开展疫情期间员工心理援助的原则主要有以下三点：

一是要教育员工树立战胜疫情的信心，以科学的态度面对疫情；

二是要采取有效的心理援助方法，用科学方法为员工提供心理援助；

三是要让员工体会到团队的温暖，为其提供社会支持。

(5) 防止出现创伤后应激障碍。

创伤后应激障碍是指对创伤等严重应激因素的一种异常的精神反应。创伤后应激障碍有较强的隐蔽性，一般在遭受创伤后的几周至半年内出现。有部分创伤后应激障碍的人，一般很难觉察出存在心理问题，但是随着时间推移，会表现出再体验、回避反应、高警觉等。

复工复产后，企业要关注在疫区生活或者长时间隔离的员工，不要让他们感到无助，防止出现创伤后应激障碍。

五、案例思考题

1. 青岛地铁在公共危机事件心理干预处理中，有哪些可借鉴之处？
2. 作为一名企业管理者，应对突发公共危机事件，应该具有哪些领导能力？

案例二

网通的心理契约

一、案例导读

中国网通正式成立于1999年,它是由当时的铁道部、广电总局、中科院和上海市政府四方股东共同投资组建的旨在构建我国新一代电信基础设施、提供全方位电信服务的新一代国有电信公司。网通公司自成立以来始终处于中国电信改革的前沿,既经历了热情高涨的建设、发展阶段,也经历了苦苦探索的运营阶段。在人的作用日益被提到更重要地位的当代企业中,个体、群体与企业之间的心理关系显得更加重要。管理心理学中的心理契约理论可以很好地解释这种员工在心理上同企业之间的相互关系,并对企业经营具有重要指导作用。由于公司发展的情况复杂多变,员工和企业间的心理契约在网通公司体现得特别明显,它在很大程度上影响着员工个人的绩效,进而影响企业目标的实现。为此我们选择网通公司作为案例分析的目标企业,结合网通的实际案例探讨心理契约与组织管理的相互关系。

二、案例正文

招聘与选拔

网通的公司文化条款中明确写明:良好的企业形象,是吸引人才的关键要素之一。网通的选才标准:正直、诚信与向上;激情与工作,认同与使命;求知、创造与尊重;忠于祖国,忠于客户,忠于公司。网通人力资源部的使命:无论何时,当中国任何地方的学生或青年专业人才选择学习机会或工作单位时,中国网通永远是第一选择。这些都被要求在招聘工作中很好地向应聘者展示和宣讲。在公司成立最初的两年内,上至公司总裁,下至一般员工都会在各种场合宣扬公司的美好前景和良好的企业文化。在网通招聘员工的过程中,当问及员工为何选择网通时,有近两成的员工表示,最初想到进入网通是因为他们被网通总裁田溯宁2001年初在中央电视台对话节目里的激情洋溢的谈话吸引了。此外,中央电视台播出的网通的企业形象宣传广告给观众留下了“网通天地宽”的良好印象。

个性考察在招聘工作中也很重要。2002年网通西南区招聘进来一批应届毕业生，其中W是学通信技术专业的。他个性较内向，喜欢独自思考问题，刨根问底，工作严谨。2002年7月毕业后，W进入了网通云南分公司，由于当时分公司销售人员人手紧张，就安排他先到销售部做销售工作，考虑到W刚毕业，没有任何从业经验，让他先了解一下行业状况。尽管W当时有些犹豫，但还是接受了公司的安排。一个月后，W表示他是学技术的，希望回到技术部门，可当时的分公司经理认为W只是工作时间太短，也许过段时间会适应销售工作的。其后的几个月内，W多次以担心完不成销售任务为由，要求调回技术岗位。可由于人手确实紧张，直到3个月后，公司经理才发现W一直没有适应销售工作，业绩较差，而且私下W还在准备考研。为了留住员工，最后分公司还是把他调到技术部门，之后他的工作积极性有了明显的转变。

培训与发展

网通形成了自己的培训框架，主要包括基础培训、通用技巧培训、管理培训和网通学位，还有教育资助计划和职业生涯规划（针对重要员工），每一大项下还有小的具体项目，共计多达40项培训科目。培训讲师方面邀请了著名咨询、培训机构的优秀讲师，仅一个为期2天，25人班的“时间管理”培训付给培训机构的费用就达2万～3万元人民币。公司在培训上投入的大量资源，同时也获得了巨大的效益。这表现在两个方面，一是员工各方面技能的不断提升跟上了公司快速发展的步伐；二是员工感到自身得到了发展、提高的机会，培养了献身精神。有力的培训与企业经营活动形成了一个良性循环的回路。

除了上述正式的培训外，网通就新员工入职初期容易产生的陌生感和焦虑感也采取了相应措施。例如，当应届毕业生正式到岗后，公司会安排一次座谈会，邀请分公司的总经理、相关部门经理以及公司老员工参加。座谈会的目的就是要减轻他们刚踏入社会时的压力，同时也是给了他们一个与公司领导沟通的机会。之所以请来老员工，是希望他们的言传身教能给新员工提供一些经验。

绩效评估

网通平均每年会开展两次全公司范围内的绩效评估。其中一次是网通公司业绩评估工作，是对公司上一财年工作的总结、评价，全公司统一评价标准，统一时间实施；第二次绩效评估是对本财年上半年工作的评价，具体评估标准在总部大的框架内由大区根据实际情况自己制定。首先我们来看网通绩效评估的目的：

(1) 保持企业目标与员工个人目标的一致性；

(2) 通过员工个体绩效的持续提升,实现企业整体绩效的提高;

(3) 明确职位的应负职责和工作目标;

(4) 清楚主管对自己工作表现的看法;

(5) 明确如何去改善工作,实现个人职业发展;

为此,网通在业绩评估中选择了"强制分布法",即被评价者业绩分数必须按一定比例分布到几个工作绩效等级上去。具体分为5档,比例如下:

A档,能够高标准、高质量、创造性地完成工作,多数工作超过目标要求,比例为员工总数的15%。

B档,能完成工作,并且在某些工作中能超过目标要求,比例为员工总数的25%。

C档,能完成工作,某些工作完成情况有所欠缺,比例为员工总数的45%。

D档,能完成大多数工作,完成质量平平,工作尚需改进,比例为员工总数的10%。

E档,无法完成大多数工作,不能协调、运用资源来解决问题,比例为员工总数的5%。

三、案例分析

网通之所以能招聘到大量的优秀人才,我们认为除开较丰厚的报酬福利因素外,还有三方面的原因:

(1) 专业化的招聘流程,给应聘者留下良好的第一印象。网通对面试人员的专业培训保证了这一点。一些来网通前在国内传统企业工作的应聘者对网通的第一印象是耳目一新,产生了这是一家现代化管理企业的印象。很多员工事后说,网通感觉像外企。选拔过程是个体与组织最初的接触,发生什么和如何发生都将影响到他们之间的心理契约。

(2) 催人奋进的网通远景,给应聘者以使命感。网通总裁田溯宁在中央电视台对话节目里的谈话以及网通振兴我国民族信息产业的使命的宣传为公司吸引了众多的优秀高级人才。对于这些高级人才来说,他们缺乏的是马斯洛需求层次理论中最高层次的自我实现需求的满足。只有像这种能激发他们使命感的工作才对他们有吸引力。这种自我实现需求的满足能最大限度地加强他们同公司的心理契约,他们期望在公司经营成功的同时实现自己的价值。

(3) 良好的口碑是持续不断吸引人才的重要保证。受上述两点吸引进入网通的员工并没有失望,他们进入前的期望基本得到了满足。在公司提倡员工推荐职位候选人政策的鼓励下,员工非常愿意推荐亲朋好友来应聘。据统计在网通建立初期，有近20%的简历来源于在职员工的推荐。反过来，如果公司在招聘时过分吹嘘工作的价值，使人产生一种不切实际的期望，而实际工作情况与员工期望相差太大，那么心理契约将无法完成。这种期望的落空会导致较高的离职率。

正是基于上述的努力，大部分员工一进入公司就已与公司建立了良好的心理契约，为日后开展工作打下了很好的基础。由此，我们可以认为，加入公司的初期是员工和公司之间良好心理契约形成的重要阶段。这个阶段员工对公司的感觉是全新的，员工对公司的很多期望是在这时形成并得到印证的，这对于那些在入职前对公司抱有很大期望的员工尤为重要。为此，一个优秀的企业必须始终重视新员工刚加入公司这一阶段的心理感受，做好入职培训。

从案例中看到，网通初期的培训体系比较完善，从入职培训到网通学位，从灵活的授课的方式到丰富的团队活动，这样立体化的培训除了提高员工技能的目的外，还有一个隐含的目的，就是培养员工的献身精神，加强心理契约，只有不断提供改进自我的机会才能使员工建立对企业的献身精神。同时，员工会认为，只要自己完成了契约中自己一方的责任，他们就能期望公司履行对他们的义务，表现在绩效评估上就是期望自己工作业绩能够得到公正的评价。从这个角度上看，绩效评估是让员工不会轻易离职的一个关键因素。

四、案例拓展

前面我们通过网通的案例对员工的个体心理和群体心理与心理契约的关系做了阐述，并且看到心理契约在工作中的重要作用。心理契约同招聘、培训、绩效管理、薪酬福利等人事职能都有重要联系，并呈现出不同的特点。

（1）心理契约基本理论。

心理契约的本质是对无形心理内容的期望和对义务的承诺与互惠，它是非正式，隐含的。心理契约在企业和员工关系中广泛存在，容易受到各种内外因素的影响，具有易变性，在需求满足和是否公平上表现突出。心理契约在企业经营活动中的重要作用日益凸显，它与员工绩效和企业目标的关系可以分为三种状态，它通过影响员工的行为来影响员工的绩效和企业目标的实现。

（2）群体中的心理契约。

群体中的心理契约就是个体如何在群体中相处的问题，它更加复杂。群体成员间的心理契约与群体和企业间的心理契约并不总是一致。在群体决策中，心理契约与参与决策的程度有关。

（3）组织变革中的心理契约。

组织变革导致的雇佣关系的变化使心理契约普遍被打破。克服员工对变革的心理阻力的有效措施是保证变革计划和程序一定程度上的公开和公平，让员工参与到变革计划的制订中来，并重视员工的意见。做好心理契约变革后的再协商。

五、案例思考题

1. 如何解决群体冲突导致的心理契约破裂问题？
2. 网通的心理契约建立方式还有哪些不足？

案例三

友邦中国:以沟通促变革

一、案例导读

友邦保险控股有限公司及其附属公司(统称友邦保险)是泛亚地区最大的独立上市人寿保险集团,集团总部设于中国香港。自 2010 年友邦保险上市以来,面对内外部环境变化,友邦中国以两个"五年计划"为指导,推出了一系列变革举措,有力支撑业绩目标达成。2014 年友邦中国重新出发,制订"新五年计划",开启了"以客户为中心"的服务领导力文化变革之旅,通过塑造服务文化,重新定义新的组织架构、流程,实现员工思维、能力和服务意识的全方位转变突破,为未来发展奠定坚实的基础。在文化转型变革的过程中,友邦中国十分注重战略沟通,将其作为推动变革顺利进行的重要手段之一。

二、案例正文

沟通委员会

为了更好地向员工传递变革信息,推动变革有序落地,友邦中国专门成立了沟通委员会。该委员会由友邦中国的核心管理层主导,并由该委员会制定沟通方案,包括不同变革阶段的沟通侧重点、沟通的时间表以及沟通的主要对象,以可持续、差异化的沟通策略,保证沟通的高效进行。

领导力在变革中起着至关重要的作用,友邦中国的核心管理层均将"沟通"视为日常工作的一部分,管理层在变革中扮演着十分积极的角色。高管需要带领员工去实行变革,传递变革的信息,并时刻关注员工在变革中的态度和转变。而人力资源部门则作为一个"推手",配合业务高管推动变革的发生。

沟通过程中的"闪光点"

对于友邦而言,沟通并非单方面的简单"通知",而是双向的,即由传统的"自上而下"沟通向"开放式"沟通转变,将"自上而下"的传达与"自下而上"的反馈有效结合,鼓励管理层与基层员工积极参与,让管理层倾听来自员工的故事与声音,发挥沟通的驱动作用。

(1)"自上而下"的层层推进:根据不同角色的差异化定位,确定相对应的沟通内容与方式。通过工作坊、服务大使认可、管理层面对面等形式,使员工了解变革，理解变革，并参与变革。

(2)“自下而上”的积极融入：员工不是“被动”地接受信息，而是“主动”投入变革的全过程——不论是积极参与决策制定，规划自身的行动方案，还是开放地探讨变革。

(3) 获取员工“声音”的方式之一：听证会。友邦中国会选取部分员工代表加入听证会，员工通过听证会一方面可以参与到公司的决策中来，另一方面也可以借此提出自己的建议。

(4) 获取员工“声音”的方式之二：借力“盖洛普 Q12”。盖洛普 Q12 问卷原本用于衡量员工的敬业度水平，友邦中国则充分借助该工具，收集员工在企业文化变革过程中的意见、建议，并对于大家反馈最集中的几类问题，制定行动方案，积极践行员工提出的需求或建议，提升公司在员工心中的信誉等级，也更顺利地推行变革。

(5) 获取员工“声音”的方式之三：日常沟通。友邦中国的管理层在日常工作中会与大量员工接触与沟通，通过询问了解员工对变革的看法，发掘并展现员工群体中变革文化落实的先行者与标杆，更为直观地定位变革的状态。

变革沟通过程中的注意点

(1) 设“停顿”，及时复盘。

在变革过程中，需要及时停下脚步，对于履行情况佳的部分进行褒奖，而对表现不佳之处，需要及时指出并修正。

(2) 立目标，庆祝达成。

设立变革的“里程碑”，并告知相关人员变革的进度及成果。当大的里程碑顺利完成后，需要和员工共同庆祝，激励员工在下个里程碑完成之前共同奋斗。

(3) 讲故事，树立典型。

可以将变革中的“先锋队”作为榜样，以“讲故事”的方式宣传其事迹。这在一定程度上可以“鼓舞士气”，相对慢热的员工在了解到变革的成果后，也能在未来积极地拥抱变革。

(4) 遇阻碍，践行承诺。

变革实行之时，大部分员工对变化或多或少存在抵抗心理，并认为变革存在风险。友邦中国通过将承诺一步一步实现，同时和员工分享成功，从而逐渐获得了员工的信任和支持。

变革沟通成果

经历了服务领导力文化变革的友邦中国，实现了一个又一个里程碑目标，如投保与回访时间由原来的 4～5 天，缩减为 15～30 分钟，普通理赔时间从原来的 3 天，减少为 3 小时，从而获得了客户的认可。此外，友邦中国连续多年荣膺杰出雇主调研机构（Top Employers Institute）的“中国杰出雇主”称号，连续两年荣获怡安翰威特咨询公司授予的“中国最佳雇主”称号。2016 年，友邦中国更成为第一财经金融价值榜唯一的“年度保险公司（寿险）”。友邦认为，变革沟通成效应以战略整体的执行情况衡量。沟通归根结底服务于企业战略，每年战略执行情况较好，说明企业整体的沟通机制往往是可行的、有效的。

三、案例分析

组织在发生变革时，由于变革时期的特殊性，沟通体系和沟通措施也要因时制宜，进行相应的调整。友邦中国的案例给我们的启示是，变革时期的沟通策略必须兼顾组织变革时期的矛盾和特点，从了解组织的沟通需求来避免问题的产生，到摆正态度来打破沟通壁垒，善用沟通渠道，重视沟通反馈，调整沟通政策以巩固沟通成果。案例中变革沟通的关键成功要素主要有以下几点：

（1）共识紧迫感。

意识到并重视组织变革的必要性与紧迫性，以此形成变革的共识，从而采取有效行动，这既是变革沟通的重点，也是变革成功的前提。没有迫切的变革理由，没有紧迫感，就没有主动的合作。心理上的松懈，会导致变革的动力不足，甚至停滞。因为变革需要付出额外的努力、额外的牺牲，没有自发的迫切变革需求，就没有积极的行动。企业可以通过创造危机、控制费用、设定高目标、信息透明化、宣传等来创造出迫切需要变革的理由，增强紧迫感。

（2）组织准确度。

企业变革是需要智慧的。它不仅需要组织具备深入细致的调研与准备、严格统一的执行与贯彻、破除万难的决心与能力，更需要组织有足够的心理准备和切实有效的沟通策略与方法。组织的准备度若不足，沟通将很难取得效果。企业应借助工具自测，提前了解企业在变革中的准备是否充分。

（3）先锋领导力。

不论是变革还是沟通，都需要一支有能力的团队规划整个方向。高管需要在变革中扮演积极的先锋示范角色，并具备指导推动与冲突管理的能力。重大变革的完成是非常艰辛而困苦的过程，需要强大的力量才能够实现。没有哪个企业的变革可以凭借某个领导者的一人之力完成，这需要一个强有力且结构合理的变革联盟，而且成员之间需要相互信任，抱有共同目标。变革联盟的成员必须是重量级领导，有很高的威信、职权和丰富的经验以及出色的领导力和管理能力。

(4) 目标明确性。

组织目标需要清晰定义且切实可行,并且具备一定的挑战性,在员工的认同下,激励每个员工完成该目标。愿景是未来图像,清晰而形象地展示了人们努力的目标,它明确了变革的方向,激励人们为了实现愿景在必要的时候舍弃短期利益。更重要的是,愿景能凝聚团队的力量。当管理者、员工对变革愿景的目标和方向达成共识,有一致的理解时,愿景的力量将得到释放。对未来的期待会带动大家一起为了共同的目标而采取行动。愿景的沟通应该采取多种形式、多种传播媒介,简单易懂并不断重复,更重要的是领导者要树立榜样。

(5) 信息一致性。

沟通前,企业需要制定体系化、分步骤的沟通方案,对信息进行整合,防止因信息过多导致的信息不连贯、不一致等问题。在变革的实施过程中,要让员工理解变革的实施方案,并且要尽可能地听取员工的意见和建议,让员工参与到变革中来。与此同时,企业还应该时刻关注员工的心理变化,及时与员工交流,在适当的时候可以做出某种承诺,以消除员工的心理顾虑。为了让员工接受变革,不能只沟通有利信息而掩盖不利信息,唯有如实反映事实,才能取得员工的信任。

(6) 激励持续性。

变革并非一蹴而就,建立张弛有度的沟通节奏,意识到不足,并赞赏阶段性成果,不仅有助于团队始终保持必要的紧迫感,也能最大限度发挥变革中新机遇的优势。变革是艰辛的,有些时候,变革还是漫长的,这个过程中,如果没有及时的激励,会影响团队的士气,影响团队对变革愿景的认同。这种激励来自变革进程中的短期胜利,一个又一个的短期胜利,能增强团队的信心,鼓舞士气。

四、案例拓展

本案例研究的是组织变革时期的内部沟通问题。在组织发生变革的这一阶段,由于组织状态的变化,对内部沟通有了新的需求,一方面保证上下沟通的顺畅是确保变革顺利进行的关键;另一方面,组织原来的沟通体系需要跟上内部沟通的需求变化,发挥应有的作用。

通过对案例的研读和分析,可以得出如下启示:在发生变革的时候,一定要做到了解组织变革对沟通的需求,摆正沟通态度,制定沟通策略,善用沟通工具,重视反馈沟通,完善沟通政策以确保组织内部沟通顺畅进行。

（1）沟通变革愿景。

在变革时期，首先要明确变革的愿景，并提出有效的沟通愿景。沟通的目的是保证变革的顺利进行，确保变革政策的实施，最终实现变革的愿景。对变革愿景的各种强调，让员工认同变革愿景，明白变革的必要性，加强变革的紧迫性，从而把员工的抵触情绪变为理解支持，在一定程度上增加了变革的驱动力量。同时，一个宏伟、振奋、清晰、可实现的愿景能够在一定程度上调动员工的积极性，激发员工对变革的热情。沟通愿景的主要原则有：① 关注员工最迫切的问题。② 准确有效地传达重要信息。③ 真诚的沟通交流。④ 持续沟通愿景。

（2）发现组织变革阻力。

变革中，驱动力量固然重要，发现变革的阻力更加重要。阻力的存在直接影响沟通策略的制定和沟通效果的好坏。对变革阻力的忽视会导致阻力的增加，不利于变革的进行。只有发现变革阻力，才能够针对变革的阻力，制定对应的沟通政策，消除阻力。在寻找组织变革的阻力的时候，可以利用力场分析模型，对组织中支持变革和反对变革的所有力量进行排序，比较强弱，然后根据分析的结果，采取相应的措施，消除变革阻力，增强变革动力。

（3）摆正沟通的态度。

无论在任何时候，员工都渴望沟通，希望获取与自己息息相关的信息。如果沟通充分，就可以提前得知员工的担忧和疑虑，这样在后期的执行上面，可以关注这些方面，一方面让员工觉得自己受到重视，另一方面可以根据员工的需求有针对性地澄清信息，从而达成共识，凝聚力量。因此，在变革时期，必须端正沟通的态度，从员工的角度看问题，决绝傲慢、冷漠和不耐烦，从而从情感上赢得员工的信任。

（4）制定沟通策略。

沟通策略的好坏决定着沟通的成果。根据沟通体系的特点和组织对沟通的需求制定好的沟通策略可以解决问题，推动组织有效运转。

（5）善用沟通工具。

沟通工具是沟通能够顺利进行的重要组成部分。对于沟通工具的恰当使用，可以达到双赢的结果，反之，会造成负面影响，破坏沟通。

通过对本案例的研读和分析，可以得出如下启示：在发生变革的时候，一定要做到了解组织变革对沟通的需求，摆正沟通态度，制定沟通策略，善用沟通工具，重视反馈沟通，完善沟通政策以确保组织内部沟通顺畅进行。

五、案例思考题

1. 友邦中国是怎样具体实施员工沟通制度的?
2. 企业沟通机制的建立对企业团队心理建设有什么作用?

案例四

通用电气公司的情感管理

一、案例导读

通用电气公司(General Electric Company,简称GE),创立于1892年,是世界上最大的提供技术和服务业务的跨国公司。自从托马斯·爱迪生创建了通用电气公司以来,GE在公司多元化发展当中逐步成长为出色的跨国公司。截至2016年,公司业务遍及世界上100多个国家,拥有员工超过30万人。情感管理是通用电气公司前总裁斯通在20世纪80年代首次在公司推行的管理实践。通用电气公司采用的"面对面"管理,是以走动管理为主的直接亲近员工的一种开放式的有效管理,它洋溢着浓厚的人情味。其做法值得全世界借鉴。

二、案例正文

施政报告

从1983年起,通用电气公司下属工厂每周三都指定一名基层员工当一天"厂长"。"一日厂长"需要在早上9点上班,先听取各部门主管的汇报,对全厂的运营模式有了全面的了解后,再陪同厂长视察各部门和基层车间。"一日厂长"的意见,都别出心裁地写成一份"施政报告",在《工作日记》中进行详细的记载。依据"一日厂长"的意见,各个部门和车间的主管需要及时将自己的工作进行改进,并在管理例会上提出改进后的成果报告,获得大部分员工同意后方能实施。

建言报告

在人事管理上,通用电气公司近几年来进行了重大改革,以往的人事调配做法是企业对员工的表现、水平和能力进行单方面评价,然后指定其工种岗位。如今,通用电气公司进行"民主化"人事管理,被称为"建言报告",即员工的品格和能力由自己判断,且工作的场所也自行选择,工作前途更是尽可能由其自己决定。这种"反其道而行之"的管理方法,使人才更容易被发掘、用人更对口,对公司和个人前途的发展前景不可估量。

"自由讨论"和"适度距离"

通用电气公司每年至少举办一次活泼生动的"自由讨论",由公司的最高领导与全体员工共同参与。通用电气公司就像一个奋进、和睦的“大家庭”，从上到下互相直呼其名，互相尊重，没有尊卑之分，信赖彼此，人与人之间关系和谐。在通用电气公司，“人际关系应保持适度的距离”是总裁斯通的要求，为每个员工创造了良好的工作环境与心理环境。斯通率先示范“适度距离”的原则，由于他在工作上与公司高级管理人员有较多的接触，所以在工作之余就与同事有意拉大距离。而斯通对待普通工人、推销员和出纳员则有意亲近，他微笑问候每一位普通员工，甚至偶尔还要“家访”。

静默沉思

通用电气公司已有不少经理或基层管理者采用“静默沉思”法后，紧张心理平静了下来，神经高度紧张所引起的精神不安也逐渐消除了。公司在领导层推行“静默沉思”法后，心理疾病的治疗费用下降了近三成；各分公司的经理尝试此法后大幅度提高了工作效率。经常“静默沉思”的人说，自从坚持有规律的沉思默想后，对待工作的热情普遍高涨，精神也格外饱满，不容易激动，能更好地应付外界压力了。

三、案例分析

通过以上案例，我们可以看到，情感管理能把员工个人心理需求目标和企业发展目标有机地结合在一起，使员工个人与企业共生共长，并能积极协调员工与企业之间的利益矛盾，使员工自愿地为了实现自己的需求以及公司的需求而充满热情的努力工作。情感管理是怀揣着一份同样的关爱之心去真诚地对待周围的每一位员工，相对于制度条例化管理而言，它是一种看不见、摸不着的软性管理方法，是一只“看不见的手”，却可以深入到员工的内心世界，使管理者能更加有效地引导员工的行为举动和情感上的积极性，所以其在管理中的作用是巨大的。

(1) 情感管理是现代企业管理的必然要求。

当今，在工作不再是人们单纯的谋生手段的情况下，工作越来越多地与体现个人自身价值联系在一起，于是现代企业的管理者意识到人成为企业管理活动的核心，企业的管理逐渐从对物的管理转向了对人的管理，企业管理进入到一个以人为本的管理时代，情感管理在企业经营管理活动中日趋重要。西方发达国家在企业管理方面，对员工的管理已经由过去把工人看作是“会说话的机器”，是获利的榨取对象，逐步转变为把工人看作是“经济人”“社会人”，由单纯依靠强制力、规章制度和纪律条文进行管理逐步转变为强调纪律手段，在管理中渗透情感和精神因素，尽可能从物质和精神两个方面关心和满足员工的需要。我国的企业应学习西方企业的做法，在企业管理中大力推广情感管理模式，尊重员工，注重员工的情感需求。总之，重视员工的情感、加强情感管理是当今企业发展的需要，也是人类进步的需要。

(2) 情感管理是现代企业的员工满足更高层次需要的必然要求。

在现实生活中，人们是为了满足某些方面的需要而工作的。随着社会经济的发展，人们生活水平的不断提高，企业员工更高层次的需要日趋凸显。按照马斯洛的需要层次理论，人们在满足生理、安全等低层次需要的基础上，会更注重被尊重、情感社交、自我实现的需要，而这也正是情感管理的核心，与现代企业的情感管理不谋而合。现代企业汇集了一大批贤人能士，他们渴望得到管理者的赏识，希望有充分的自主性和愉悦的工作环境来实现自身价值，而以尊重和信任为基础的情感管理模式，就成为必然选择。因此，情感管理也是现代企业的员工满足更高层次需要的必然要求。

(3) 情感管理是增强企业内部的信任和凝聚力的必经之路。

通用电气公司前总裁斯通努力培养全体职工的"大家庭感情"的企业文化，公司领导和职工都要对该企业特有的文化身体力行，爱厂如家。在人事管理上，斯通开创了由员工自行判断自己的品格和能力，提出选择自己希望工作的场所，尽可能由他自己决定工作前途的"民主化"人事管理，称为"建言报告"。"一日厂长"管理制成绩显著。还实行一种特殊的"无章管理"，也是情感化管理，能最大限度地减少公司内部人际关系的紧张状态，增强员工之间的信任、上下级之间的信任及员工对企业的信任。

四、案例拓展

现代企业管理已进入到一个以人为本的管理新时代，其重要内容是管理不再是板着面孔式的条条框框的限制，而是一门融进了管理者对职工、对事业献身精神的独特艺术。当前许多企业在员工管理方面遭遇瓶颈，员工满意度下降、员工流失现象严重、员工心理扭曲等一系列企业管理问题频发，严重制约了企业的发展。我们从通用电气公司的情感管理实践中能得到以下几点启示：

(1) 加强管理者的自我情感管理，提高其情商。

企业管理者在具体的管理过程中如何与员工进行情感沟通对企业管理有很大的影响，尤其是在一些棘手问题面前，管理者的情商决定着员工对企业的看法，因此为了有效地对企业进行情感管理，管理者需要在日常工作中深入地了解自身的情感，并对其进行适当的表扬和管理，这样才能够保证情感管理的有效实施。假如说管理者不能够有效地释放和管理自己的情感，员工在工作中就会产生不适感。

(2) 尊重信任员工,关注员工情感。

管理者要尊重和信任员工,关注员工的情感,这样才能够激发员工的热情,调动员工的创造力,最终实现企业的长久发展。纵观全球优秀企业,其成功有很大一部分的原因就是管理者能够在企业内部实行情感管理,能够对员工表现出充分的尊重和信任。人本身就具有情感,如果在工作中受到尊重和信任,就很容易产生满足感,从而对企业、对他人也会给予信任和尊重,比如说我们经常说的“投桃报李”就是这种思想。对于企业管理来说,其领导人员能够对自己的员工充满信任和尊重,并在日常的工作中表现出来,这样员工在工作时就能够感受到这份情感,回馈情感并传递给他人,从而在企业内部形成一个良好的信任和尊重氛围。因此作为企业的管理者在进行管理时要能够综合运用多种方式方法来表达对员工的信任和关心,实实在在地帮助他们解决问题。如对员工在思想上给予帮助、答疑解惑,业务上给予指导锻炼,多方面了解他们的所想、所需。而且,管理者不仅要在工作中关心下属,还应该关心他们的家庭与生活,减轻他们的家庭负担,使他们更好地投入到工作中,使他们产生工作的舒心感、安全感,多方面调动他们的工作积极性。

(3) 鼓励沟通,建立多种沟通渠道。

在企业工作中每一项工作内容都需要进行沟通,如果沟通得好就能够快速提高工作效率,但是如果沟通不好,就有可能产生误会和矛盾,由此可见与员工之间的沟通十分重要。情感管理不仅鼓励领导与员工、员工与员工之间的沟通,还能够建立多种不同的沟通渠道,从而实现领导与员工、员工与员工之间的有效、快速沟通。

(4) 建设优秀的企业文化,提升企业凝聚力。

文化就像是企业的灵魂,没有任何踪迹可寻,但却无处不在。企业文化是企业在发展中形成的一种管理方式、人文思想、行为规范等。企业文化虽然看不见摸不着,但是它在管理中的作用是非常巨大的。情感管理在企业管理中的应用能够从感性的角度出发,调动员工在工作岗位上的热情,从而帮助企业建设优秀的企业文化,而企业文化则可以在很大程度上改善上级与下属以及各同事之间的关系,从而促进领导与员工以及员工和员工之间的感情交流。

五、案例思考题

1. 在案例中通用电气公司展现出的企业文化的核心理念是什么?

2. 企业情感管理的本质是什么?

案例五

联想公司员工心理帮助计划

一、案例导读

联想公司是1984年中科院计算所投资20万元人民币，由11名科技人员创办，在信息产业内多元化发展的大型企业集团。作为全球电脑市场的领导企业，联想公司从事开发、制造并销售可靠的、安全易用的技术产品并提供优质专业的服务，帮助全球客户和合作伙伴取得成功。2007年11月联想公司正式引入了员工帮助计划(EAP)项目，旨在把员工看成企业的财富，为企业积累心理资本，解决员工的心理情绪问题、职场问题、婚恋和家庭问题等。该项目深受员工欢迎，取得了较好的效果。

二、案例正文

2000年12月至2001年7月，北京师范大学心理系接受联想公司客户服务部委托，为联想公司客服部门的员工提供EAP服务，张西超担任项目主持人。项目内容涉及员工心理状况问卷调查、客服部门各级员工工作访谈、管理层心理培训、员工心理健康培训以及心理咨询等多个层面。

项目提供的服务形式多种多样，既从整体上为联想客服员工上了一堂生动的心理课，又为管理层、一线员工提供了迫切需要的心理学知识和技巧，还为部分员工直接提供了解决个人困惑的机会，使员工掌握了一定的心理学技巧，为他们的工作、生活带来了全面改善和全新的契机。

初级预防——宣传(全体员工)

初级预防的目的是减少或消除任何可能导致职业心理健康问题的因素，并且更重要的是设法打造一个积极的、支持性的和健康的工作环境。为此，项目组专门印制了精美的EAP宣传小册子，分发到各个客服中心站点，同时定时向全国客服员工个人发送特定的电子邮件，小册子和电子邮件除了宣传此次活动，也对一些基本的心理学知识和技巧进行介绍。初级预防为员工提供了EAP项目的联系方式，既做了EAP宣传工作，同时也提供了心理学的基本知识和自我调节技巧，使多数员工都有机会接触EAP，并能对自身的心理健康和心理性质逐渐形成重视的态度和科学的认知。

二级预防——培训(管理层,一线员工)

(1) 客服各大区督导心理培训。

2001 年 2 月,项目组对联想公司各大区督导以及中层管理员工共 40 多人进行了“心理健康和交互作用”以及“心理健康与人才发展”的专题培训。这些培训不仅能促进中高层员工在管理工作中更好地运用心理技能,对促进管理工作的全面改进、融洽组织气氛、提高员工工作绩效也起到了积极的推动作用。

(2) 客服管理层健康培训。

2001 年 3 月,项目组对联想公司客户服务部本部 30 多名中层员工进行了“心理健康与人才发展”的专题培训。培训课程不仅介绍了心理健康的定义和内涵,明确了心理健康的标准,而且还传授了自我暗示、自我控制、情绪管理、人际沟通、耐挫能力等自我调适方法,以帮助员工提高心理健康水平,摆脱心理困扰。

(3) 客服管理层咨询技巧培训。

2001 年 3 月,项目组先后两次对联想公司客户服务本部 30 多名员工进行“作为咨询式的管理者——亲情的专业化”的专题培训。该培训为联想公司客服部门提出了新的课题,为联想公司带来更多以人为本的企业文化,促进企业的长期稳定发展。

(4) 一线员工心理培训。

2001 年 7 月,项目组对联想公司客户服务部北京中心站员工进行“工作与生活的协调”的专题培训。

三级预防——咨询(团体,电话,个人)

(1) 团体咨询。

2001 年 4 月项目组邀请了联想公司客服部门的 8 名管理层员工进行了一次团体咨询。通过团体咨询,参与者在充分沟通的基础上,解决了工作中的压力、冲突、自我效能感的丧失等问题,使得参与者对工作、生活充满了信心。

(2) 电话咨询。

2001 年 4—6 月每天的 18—22 点,项目组为联想公司客户服务部所有员工开通了电话咨询热线,聘请国内心理咨询界知名的专业心理咨询师担任热线咨询师。在此期间,项目组先后接到 54 人次的电话咨询,咨询员工总数达到了 48 人。在咨询中,最受关注的是人际沟通、自身发展和工作压力 3 个方面的问题。

(3) 个人咨询。

2001 年 6—7 月,项目组为联想电脑公司客服部北京地区 10 名员工提供了

20 人次的个人咨询服务。咨询师都聘请北京心理咨询界知名的专业心理咨询师担任。咨询结果显示,员工对咨询效果非常满意,甚至有数名员工表示愿意与咨询师建立长期的咨询关系。在咨询的过程中,项目组不断接收到其他员工要求参加咨询的信息,显示出 20 人次的咨询远远无法满足联想公司客服员工的需求。

三、案例分析

联想公司的 EAP 项目是中国本土第一个完整意义上的员工帮助计划项目。早在 1998 年,易普斯咨询专家团队的主要成员就致力于国外的员工帮助计划的研究工作,探索将其引进中国的途径和方式。并且,在联想公司在开展 EAP 项目之前,国内的其他一些企业已经进行过 EAP 项目的部分活动,如单纯的心理培训或心理测评,而像联想公司所进行的包括宣传、调查、培训、咨询在内的 EAP 项目,在国内还是第一个,开创了中国 EAP 项目的本土化模式。

(1) 通过 EAP 项目提升员工心理资本。

联想公司的 EAP 项目有效提升了员工的心理资本,而心理资本的提升有助于员工幸福指数的提高。大多数的企业为了追求公司效益,会迫使员工提高工作效率,在工作中企业内部管理人员会给员工施加压力,使得企业管理者与员工的关系趋于紧张,员工只是单纯地为完成任务而工作,导致管理层给员工施加的压力过大期望过高,但是工作效率却得不到提高。企业员工因为自己的工作能力得不到上级的肯定而产生消极懈怠的思想,导致工作效率得不到提高或者下降。企业为了让员工为企业和社会创造更多的经济效益,就必须从现有的问题下手,解决员工因为企业缺乏科学的管理制度使得员工的工作积极性下降的问题。

(2) 通过 EAP 项目帮助新员工成长。

企业对新入职员工的期许与要求往往与新入职员工对企业的期望没有办法达成有效的统一,一旦双方在“磨合”期内无法实现双向满意,势必会造成企业和个人两方面的损失。“如果不在新员工上花费时间和精力去做好管理,就得花费更多的成本去招聘新员工”是当下人力资源管理部门的共识。因此,人力资源管理部门首先应该帮助新员工调整入职心态,促进新入职员工尽快融入工作环境。一般新员工刚入职时,行为上会比较谨慎,心理也较为敏感,要充分考虑新员工的心理特征,耐心为新员工介绍工作地点、相关同事,回答新员工关心的问题,做好相关的入职培训。其次,入职后,对新员工的生活与工作不能不管不问,要及时做好沟通与交流,对新员工进行关心和帮助。最后,帮助新员工调整心态，让新员工从心态上实现多方面的转变，增加新员工“企兴我荣，企衰我耻”的高度责任感以及与企业同呼吸共命运的使命感。

(3) 通过 EAP 活动推动企业文化建设的进一步发展。

在企业管理工作中 EAP 是一种较为新颖的模式，尤其是在企业文化建设中，通过 EAP 的调查、培训与援助手段能够提升企业对于员工总体心理状态的认识，并积极采取优化策略，通过责任激励措施的应用使得员工能够认识到自身的使命，提升其职业认同感，从而优化企业内部管理水平，进一步提升企业发展的动力。EAP 的调查问卷以及相应的活动记录都是企业文化建设的重要资料，将这些资料进行保存与研究，能够为企业文化建设的不断进步提供助力。

四、案例拓展

联想公司 EAP 项目的推行体现出团队心理机制建设的重要性。随着社会的进步和发展，人们越来越关注自身社会价值的实现，即职位的晋升、薪资的提升以及家庭的和谐，再加之攀比心理的存在，在社会中工作的人们面临前所未有的压力。这些外界的、自加的压力，使人们的生理健康、心理健康都面临着威胁。企业心理建设是企业文化建设的重要组成部分，企业心理疏导机制建设主要包括：

(1) 建立一套较为系统和完善的工作机制，将员工心理建设工作常态化。

很多单位还没有将员工心理建设工作提上议事日程，个别员工的心理状态异常也没有引起单位的注意。但是，我们应该看到，员工的心理健康问题已经日益凸显，尤其是年轻员工，他们在面对压力时显得不堪一击，即便没有患上抑郁等心理疾病，亚健康状态也是存在的。因此，要解决员工的心理压力问题，单位首先要建立一套系统的工作机制，有专人或专门的部门负责日常工作，让员工的自身心理建设工作常态化，出现问题不要急于掩饰，而是求助专业人员，及时解决。

(2) 要适时开展心理疏导培训和咨询。

以全员参加的形式，聘请专家分析员工面临的压力并进行有效疏导，讲解一些自我疏导和减压的方法，也可以配合案例讲解，结合单位的工作制度、工作氛围及员工面临的普遍压力讲解，使员工普遍受益。

(3) 定期开展心理测试，对个体进行疏导和帮助。

专业的心理测试可以有效地在心理问题出现初期就发现员工的心理倾向和心理问题，因此，建议各单位聘请专业人员定期开展全员心理测试，及时发现个别员工存在的心理问题，排解个人压力和心理郁结，进行疏导和预防。

(4) 建立一系列硬件设施，提供疏导压力的空间和条件。

有条件、有需要的单位，可以建立心理减压中心、运动健身房、音乐减压室等，供员工进行自我疏导。有条件的单位还可配备长期的专业人员提供一对一的专业辅导，也可以与专业机构长期合作，员工发现自身问题时可自行去寻求疏导和治疗。

五、案例思考题

1. 当前，我国企业实施员工心理援助计划面临着哪些问题？有什么对策？
2. 联想公司员工心理援助计划项目有什么优势和特点，又有哪些不足？

第五章

组织管理

案例一

海尔管理模式的破碎与重铸

一、案例导读

海尔集团公司的前身是青岛冰箱厂，是于1984年在引进德国利勃海尔电冰箱生产技术的基础上成立的。1991年12月，以青岛电冰箱厂为核心企业，以空调器厂、冷柜厂为紧密层企业，经过改制，组建了海尔集团公司。目前海尔已从传统制造家电产品的企业转型为面向全社会孵化创客的平台，是全球大型家电品牌。它的成长进化离不开海尔对自己组织架构的不断破碎与重铸，让组织管理模式不断摒弃腐朽与陈旧，更加适应它的发展规模。随着企业的发展和社会的进步，组织管理的机制也在不断进化和完善，各组织想要健康高速地发展离不开一套适应组织本身且能不断进化的运行机制，海尔正是做到了这一点，勇于探索更好的机制，敢于正视自身的不足，最后大胆操刀，在破碎中重铸独有的"海尔模式"。

二、案例正文

直线职能式结构

在海尔的发展进程中，其组织结构也在不断调整，大的调整一年会有一两次，小的就更不必说了。张瑞敏认为，一个企业应建立一个有序的非平衡结构，一个企业如果是有序的平衡结构，这个企业的结构就是稳定的，是没有活力的，但如果一个企业是无序的非平衡结构，其内部结构肯定就是混乱的。我们在建立一个新的平衡时就要打破原来的平衡，在非平衡时再建立一个平衡。海尔最早的组织结构是直线职能式结构。直线职能式结构就像一个金字塔，下面是最普通的员工，最上面是厂长、总经理，它的好处就是容易控制到终端。在企业小的时候，直线职能式结构的优点是"一竿子插到底"，反应非常快。但企业大了以后，这样就不行了，最大的弱点就是对市场的反应太慢。这种结构在海尔发展的初期起了很大的作用，当时海尔内部局面混乱，纪律涣散，员工素质低，如果不采用这种组织结构，张瑞敏的领导魅力就无法展现，海尔也无法发展。到1996年，这种结构在海尔发展到了顶峰。1996年海尔开始实行事业部制，这是一种分权结构的运作形式。在企业运作方式上，海尔采取"联合舰队"的运作机制，集团总部作为“旗舰”，以“计划经济”的方式协调下属企业。下属企业在集团内部是事业本部，对外则是独立法人，独立进入市场经营，发展“市场经济”，但在企业文化、人事调配、项目投资、财务预决算、技术开发、质量认证及管理、市场网络及服务等方面必须听集团统一协调。用海尔人人都熟悉的话说，各公司可以“各自为战”，不能“各自为政”。张瑞敏说：“集团所要求的，你必须执行，有问题我来负责，我来订正，你可以提出建议，但绝不允许阳奉阴违。”实行事业部制，必须要有一个强有力的“中央”。

矩阵结构

随着海尔的壮大，张瑞敏发现海尔染上了“大企业病”，反应迟钝、效率低下，企业由上到下都是行政隶属关系，一级传递一级，集团是决策中心，事业部是利润中心，分厂是成本中心，班组是质量中心。结果，所有的人只面对上级，没有面对市场，没有人对整个过程负责，大家各司其职，根本无法对大规模企业灵活管理。在1998年9月8日的会上，海尔多年来实行的“金字塔”式管理结构彻底动摇，海尔人对此结构提出了质疑。经过一段时间的酝酿，1999年3月，海尔开始动组织结构的第一刀：把“金字塔”式的直线结构转变成矩阵结构的项目流程。这种结构仍然保留了所有的事业部和事业部的研发、采购、销售等完整的业务流程，但是集团的整个管理职能不再是程序化的由上到下的统一指令，各个事业部不再各自为政，它们会因为项目而发生关联，事业部包揽全部业务流程的权力被肢解。集团把所有的事业部业务流程分成若干项目小组，成立专门的组织结构调整小组。项目小组有权力面对市场和用户，组织生产订单，而后的各事业部、职能部门抽调人员组成小组完成整个业务流程（从研发到销售）。这在一定程度上是集团通过项目的形式把分散在各事业部的业务集中起来进行管理。虽然，项目小组同样代表集团去开展业务，但它不是一个实体，职能松散，往往赋予项目管理部门的权力太大，彼此没有制约。职能部门的人员要听命于他们的领导，如果这个项目职能部门的领导不愿意做，就会影响到项目的进展。这种通过项目来捏合业务管理的模式也无法搭建信息平台，更不利于实现真正的市场链管理。问题越来越突出，各个项目小组的问题又不统一，总部的统一管理职能极其乏力，于是，仅仅试运行几个月的矩阵式项目管理结构被废除了。

市场链结构

1999年8月，海尔开始BPR（业务流程重组）流程革命，成立超事业部，开始了组织结构的深度变革。第一步，把原来分属于每个事业部的财务、采购、销售业务全部分离出来，整合成独立经营的商流推进本部、物流本部、资金流推进本部，实行全集团范围内统一营销、统一采购、统一结算。第二步，把集团原来的职能管理资源进行整合，如人力资源开发、技术质量管理、信息管理、设备管理等职能管理部门全部从各事业部分离出来，成立独立经营的服务公司。整合后集团形成直接面对市场的、完整的物流、商流、资金流等核心流程体系和企业基础设施、研发、人力资源等支持流程体系。第三步，把这些专业化的流程体系通过“市场链”连接起来，设计索酬、索赔标准，经过对原来的职能结构和事业部进行重新设计，把原来的职能型组织结构转变成流程型的网络体系结构，垂直业务结构转变为水平业务流程，形成首尾相接和完整连贯的新业务流程。

当然，在各流程内部要建立自己的子流程，例如：物流内部建立了采购事业部、储运事业部、配送事业部。采购事业部业务流程的任务主要是从分供方采购产品事业部所需要的零配件，并对分供方进行管理；储运事业部业务流程主要是仓储和运输采购事业部的零配件，以供产品事业部制造产品所用；配送事业部业务流程主要是从储运事业部的仓库把零配件直接送到产品事业部的生产线上，同时把产品成品配送到销售中心和客户手中。这样的物流管理使海尔实现在全球范围内采购零配件和原材料，为全球生产线配送物资，为全球销售中心配送成品，降低了成本，提高了产品的竞争力。

三、案例分析

海尔在对自身的组织管理模式上大刀阔斧、勇于打破顽疾，重新建立有效的运行机制，先后三种组织管理模式的建立，帮助海尔集团公司在发展的道路上走得更加稳健和高速。

(1) SWOT 分析。

SWOT 代表企业优势(S)、劣势(W)、机会(O)和威胁(T)。海尔的优势，简要阐述为以下几点：市场占有率很高的产品、海尔已达世界级水平的创新能力、海尔优秀的管理模式、良好的企业文化和较高的员工素质等。这些无一不是海尔的优势所在。海尔的劣势：第一，在传播和公关技巧方面十分欠缺；第二，外部信息化上的问题，近年来海尔发展得太快导致供应商和分销商的信息化水平没办法跟上，这使“信息化”变得徒劳无功；第三，外部环境的不配套、不同步。海尔的机会：在于要把握住时代脉搏、与时俱进、不断创新。海尔未来的发展方向主要依靠三个转移：一是内部组织结构的转移；二是从国内市场转向国际市场；三是要从制造业转向服务业，做到前端设计、后端服务。在这种情况下，海尔应抓住机会，迎接挑战，创世界名牌。海尔的威胁在于它自身的外部信息化存在很大的问题，而国内同行们已经在进行内部信息化的推进。可以预见到，一旦外部信息化的时机成熟，从技术角度上讲，谁也不会比谁慢多少；倘若撇开这些年来的海尔品牌宣传效应不谈，海尔的竞争对手们外部信息化的成长也只是旦夕之间。

(2) 客户关系管理理论(CRM)与企业资源计划(ERP)。

在业务流程再造的基础上，海尔形成了“前台一张网，后台一条链”(前台的一张网是海尔客户关系管理网站，后台的一条链是海尔的市场链)的闭环系统，构筑了企业内部供应链系统、ERP 系统、物流配送系统、资金流管理结算系统和遍布全国的分销管理系统及客户服务响应系统，并形成了以订单信息流为核心的各子系统之间无缝连接的系统集成。海尔 ERP 系统和 CRM 系统的目的是一致的，都是快速响应市场和客户的需求。前台的 CRM 网站作为与客户快速沟通的桥梁，能够将客户的需求快速收集、反馈，实现与客户的零距离接触；后台的 ERP 系统可以将客户需求快速反馈到供应链系统、物流配送系统、财务结算系统、客户服务系统等流程系统，实现了对客户需求的协同服务，大大缩短对客户需求的响应时间。

四、案例拓展

(1) 勇于对不当的组织管理模式挥刀。

在海尔集团建立初期，它实行的是“直线职能式结构”，这种结构在其体量小的时候十分有效，但随着海尔体量的不断增大，这种较为简单直接的管理模式已经无法达到最初的那种高效率，反而由于其体量的庞大，这种模式直接导致了海尔自身运行速度下降，拖慢了海尔发展的进程，导致海尔对市场反应过慢。为改变这种状况，海尔没有囿于自身的结构，而是勇敢正视问题，向这个不足大胆挥刀，正是由于一次次大大小小的修正，海尔才能在破碎之中重铸起自身的进化之路。

(2) 以变制变，变中求胜。

在每一个发展阶段，海尔都抓住时代机遇并进行战略创新。20 世纪 90 年代，海尔抓住兼并重组的机遇，实施多元化战略，通过 OEC(全方位优化)管理模式和企业管理文化的输出，创造“海尔文化激活休克鱼”的经典案例，从一个冰箱名牌拓展至家电领域的名牌群。在海尔持续创新不断壮大的过程中，张瑞敏确立的以创新为核心的企业文化发挥了重要作用。在管理实践中，张瑞敏将中国传统文化和西方管理思想融会贯通，兼收并蓄，勇于改进。从“日事日毕、日清日高”的 OEC 管理模式，到每个人都面向市场的“市场链”管理，张瑞敏在管理领域的不断创新赢得全球管理界的关注和高度评价。美国哈佛大学、欧洲工商管理学院等发达国家商学院均把海尔管理案例写进教材。

五、案例思考题

1. 从理论层面来看,不同组织结构形式有哪些优势和不足?你认为这种优劣势在海尔公司的组织结构变革过程中有哪些体现?

2. 通过阅读案例材料,从组织结构变革与创新的角度谈谈你的观点。

案例二

曹德旺与福耀玻璃

一、案例导读

曹德旺，福耀集团创始人，在2019年新冠肺炎疫情中共计捐款1.4亿元，旗下福耀集团还在海外多国筹措防疫物资242万件，总价值超1 000万元。但曹德旺在接受采访时表示：最初是想捐献物资，动员了海外资源购买口罩、防护服、消毒液等，却根本买不到，只好捐款。曹德旺的福耀集团，1987年在中国福州注册成立，是一家专业生产汽车安全玻璃和工业技术玻璃的中外合资企业。1993年，福耀集团股票在上海证券交易所挂牌，成为中国同行业首家上市公司。福耀集团目前现有员工1万多人，已在福清、长春、上海、重庆、北京、广州建立了汽车玻璃生产基地，在国内形成了一整套贯穿东南西北合纵联横的产销网络体系。在曹德旺的带领下，福耀集团已成为"国家认定企业技术中心"，是国家知识产权局授牌的"专利工作交流站"，是科技部、中华全国总工会确认的"全国第三批创新型试点企业"。

二、案例正文

技术创新

汽车玻璃是汽车被动安全的最重要零配件，福耀凭什么取胜？福耀集团总裁左敏说："除了外观设计不断改进外，福耀还在玻璃的安全性、舒适性、环保性、智能性等方面不断创新，这是持续领跑行业的关键。"福耀曾依靠自主研发，生产出性能比日本更好的抗紫外线产品，能隔离超过99%的紫外线，并通过在玻璃内层镀膜，在阻挡48%红外线的同时，透光率仍达到75%以上，既环保节能又持久耐用。福耀集团副总裁黄贤前说："这些成果都是福耀集团几经探索与锤炼而成的，集团的核心制造设备实现完全自主研发，特别是在新材料、新工艺及加工设备上，已经达到了国际领先水平。"目前，福耀不断拓展"一片玻璃"的边界，由产品供应商向为客户提供汽车玻璃解决方案的服务提供商转型。

全员创新

1万多名员工成创新"沃土"。福耀集团发展到今天，最离不开的就是创新，而持续创新离不开"肥沃土壤"——全体员工。在福州市及福清市创新发展大会上，总裁左敏屡次谈到，福耀创新的财富是整个集团1万多名员工的智慧。在福耀，创新从来不只是科研人员、技术人员的工作，而是每一名员工的事。当前福耀集团搭建了多层级全球化协同创新平台，通过设立院士工作站、博士后工作站及与高校联合建立研究院等方式，引进和全方位培养人才，福耀现已拥有首屈一指的科研队伍。

管理创新

构建数字工厂，打造“工业4.0”。向先进制造模式转型，打造高品质、高增长、高效率、低能耗、可持续发展的新型“福耀数字工厂”，这是福耀集团管理创新的一记“重拳”。2015年福耀集团搭建数字化的链接通道，数字化企业构建逐渐成形，实现定制化产品、自动化制造、智能化运营的福耀模式，打造中国制造业的工业4.0范本。福耀集团提供的数据显示，截至2016年年底，福耀总共申请专利1 001件，获得授权专利772件。福耀荣获了“中国质量奖提名奖”“智能制造示范企业”“国家技术发明二等奖”“国家创新示范企业”“国家级企业技术中心”等荣誉。

三、案例分析

看似普通的汽车玻璃制造，却令福耀从最初的一个乡镇小厂子走出一条康庄大道，成为现如今的庞大企业。福耀集团在一股强大的创新驱动力下，完成了产品布局和品牌打造，使其在扎根国内的基础上，成功得到巨大的发展。福耀集团SWOT分析如下：

(1) 优势：① 产业布局优势。玻璃制品很重，又易碎，不便于运输，实际上配套的单价也不高，这就使得汽车玻璃的运输只具有比较小的经济半径，福耀集团采取的策略就是在各大汽车基地附近建厂，目前这一布局在国内已经很完善，竞争对手如果想抢占福耀的份额，也只有先在那些汽车厂附近建厂这一条路可以走。② 品牌优势。一辆中高档的乘用车不太可能使用除了福耀之外的任何其他国产汽车玻璃品牌，使用其他牌子的产品会拉低汽车的档次，而使用国外品牌会增加成本，这就是福耀在国内取得高市场占有率的主要原因。③ 新产品开发速度优势。一款汽车在研发过程中，会经常修改设计，一直到最后，才最终确定方案，如果玻璃厂家不能够及时把样品制作出来，则汽车厂很难会最终确定该厂家作为配套供应厂。福耀具备与汽车厂同步设计汽车玻璃的能力，并在全球主要汽车产销区建立了4个设计中心，分别承担所在区域的同步设计工作，提升了集团的市场话语权。④ 技术及设备优势。福耀集团具备汽车玻璃关键生产设备的创新自制能力，打破了发达国家同行的设备技术壁垒，做到了新工艺技术和研发成果与设备的紧密结合，同时节省了设备使用成本。

（2）劣势：国外布局劣势和国际技术研发劣势。国外同行具备先行的布局优势和国际研发技术优势。在国际市场上，福耀集团优势有待提升。

（3）机遇：2020年中国成为全球最大的汽车保有量市场，这给中国汽车玻璃行业带来坚实的发展基础。另外，中国不断进行的城镇化建设将助推汽车工业的健康发展，这也是一大机遇。国民经济中长期稳定向好，中国居民收入将增加，从而推动内需，带来汽车玻璃需求的长期稳定增长。目前中国汽车百人拥有率与世界平均水平相比较仍有较大差距，汽车市场的增长空间较大，汽车玻璃的增长需求将长期存在且市场广阔。此外，中国公路网不断完善和公路等级的不断提升将促进汽车需求的增加和车辆使用率的提高，也将最终增加对汽车玻璃的需求。福耀集团专有的设备技术符合个性化小批量的新市场需求趋势特性给公司带来竞争优势和发展机遇。

（4）威胁：① 行业政策。如果国家关于汽车行业发展的政策导向及具体政策措施发生变化将使集团的经营环境发生相应改变。② 市场竞争。集团目前已经为国际前20大主流汽车厂商提供配套业务，充分参与到国际、国内的市场竞争中，汽车工业智能化和环保要求对集团的技术管理、风险管理提出新的挑战。随着国际经济的波动及国内汽车行业增速放缓，市场竞争将更加剧烈。③ 成本波动。原材料价格、通胀压力、人工成本的上涨，使集团存在着成本波动的风险。④ 汇率波动。集团外销业务已占集团全部业务的1/3以上，且规模逐年增大，若汇率出现较大幅度的波动，将给集团业绩带来影响。

四、案例拓展

（1）以人为本：人的需求是企业的方向。

“以人为本”是福耀集团最底层的思想和最牢固的基石。怎样才能做到以人为本，曹德旺认为要学会换位思考，去研究企业所有利益相关者的需求。比如说应该考虑到各级政府机关的领导者是人，为福耀提供原材料的供应商是人，买福耀产品的客户是人，为企业创造财富的员工是人，支持和帮助企业发展的社会各界都是人。福耀集团在与他们打交道的过程中会全方位地思考所有这些角色的真实需求，如何更好配合政府的工作，如何与供应商合作共赢，如何为客户提供有质量保证的产品，如何关注员工的职业发展，如何为社会尽到企业的一份责任……曹德旺认为只要把所有人的需求都考虑到了、做好了，企业才会做得起来。

（2）员工是企业最大的财富。

曹德旺心底有一个坚定的信念:员工是企业最关键的因素,是企业最大的财富。在福耀,刚刚招进来的人,不管你是本科生还是硕士、博士,都必须下到工厂车间锻炼。管理人员招进来以后必须安排军训,军训十分严格,以此来磨炼他们面对困难的意志力。与此同时,公司会根据每个员工的兴趣特长,帮助他们"量身定做"职业发展路径,直至其成为技术骨干或走上管理岗位。目前福耀80%以上的中高层管理人员,都是从车间基层成长起来的。曹德旺还在集团设立福耀管理学院,将技术人员送至国外优秀企业进行学习深造,提升员工的综合素质。

(3) 从有为到无为的管理。

从有为到有所为有所不为,最后进入无为的状态,这过程之中曹德旺经历了很艰难的历程。福耀集团从一个不会做玻璃的小企业到学会做玻璃,这叫从不为到有为。在学会有为以后,曹德旺又坚持做到有所为有所不为,在玻璃行业深耕细作,不去碰房地产、股票等行业,只做自己擅长的。在这过程中曹德旺悟透了一个很简单但又很容易被人忽视的道理,就是应该做自己最喜欢做的、最擅长的产业,而不是什么都做,因此福耀集团走专业化道路,只做汽车玻璃。然后福耀集团开始国际化,做到产品专业化、市场多元化。

五、案例思考题

1. 曹德旺的管理理念中最值得肯定的有哪些地方?其中关于"人"的部分与同时段潮流有何不同?

2. 福耀集团在组织管理过程中的创新理念对推动企业发展的作用体现在哪些地方?

案例三

华为的成长之路

一、案例导读

华为技术有限公司是一家生产销售通信设备的民营通信科技公司，于1987年正式注册成立。华为是全球领先的信息与通信技术（ICT）解决方案供应商，专注于ICT领域，坚持稳健经营、持续创新、开放合作，在电信运营商、企业、终端和云计算等领域构筑了端到端的解决方案优势，为运营商客户、企业客户和消费者提供有竞争力的ICT解决方案、产品和服务，并致力于实现未来信息社会、构建更美好的全连接世界。2013年，华为首超全球第一大电信设备商爱立信，排名《财富》世界500强第315位。经历过多年积累，华为在有线、无线宽带接入、数据通信和光传输等核心领域建立了综合优势，在华为发展战略的帮助下，逐渐开始在世界相关领域领跑，最具代表性的就是华为领先世界的“5G”技术。

二、案例正文

竞争战略

低成本战略。公司的发展离不开一套行之有效、富有战斗力的发展战略。华为的低成本战略，即充分利用中国价格低廉又丰富的劳动力资源和原材料成本，从而制造物廉价美的产品。这一战略拥有较长时间的成本价格优势、较低的成本运营优势、外购资源投入成本较低优势，华为在1998年聘请IBM（国际商业机器公司）对华为的组织管理、企业文化、产品线等整个企业进行流程再造，进一步提高了企业的效率，降低了生产成本和运营成本。

差异化及混合型战略。华为的差异化战略是通过提供优质的服务、差别化售后服务和快速的反应速度，使自己的产品有了强大的竞争力。而其混合型战略是指低成本地提供优质的差异化产品，然后利用成本优势制定比竞争对手产品更低的价格，通过为买方提供超值的价值来建立竞争优势的战略。不卖最贵，只卖最好，华为选择的这个战略有自己的优势。2004年，华为以低于竞争对手20%的价格赢得欧洲运营商法国第二大固定网络运营商Neuf Telecom的青睐；华为还在适当时候直接投资、参股合作或被对方参股，在资本层面上与合作对象相互融合，为买方提供超值服务。

竞争策略

市场发展及转移策略。其一，市场发展策略。在国内，从深圳开始，从区域市场向全国市场扩展，华为进行了市场开发，在市场中寻找新的潜在客户，增加新的销售渠道。华为的市场发展策略主要得益于华为在产品价格、产品质量和服务上的优势，使华为的产品在全国得到认可。而在国外，欧美跨国公司选择吃欧美市场的“肥肉”，华为则选择先去占领亚非拉的市场。1995 年，华为启动了拓展国际市场的艰苦漫长旅程，起点就是非洲和亚洲的一些第三世界国家。从 1995 起，经历了 6 年的漫长拼搏，一直到 2001 年华为在国际市场才有了成效。这一年，华为的产品已经进入非洲、亚洲等十几个国家，年销售额超过 3 亿美元。华为的品牌也开始在这些第三世界国家逐步叫响。其二，市场转移策略。这种策略是指企业将现有产品投放到别的企业尚未进入的刚开始形成的处女市场。华为的数据通信产品从个人到家庭、再扩大到企业、政府。从国内到俄罗斯(2000 年左右当时俄罗斯市场普遍不被看好，各通信巨头纷纷退出)、泰国、越南、南非等地，华为的产品市场不断地转移和扩大。

产品发展及革新、发明策略。华为在原有数字程控交换机的单一产品基础上，1989 年自主开发 PBX。1994 年推出 C&C08 数字程控交换机。1996 年推出综合业务接入网和光网络 SDH 设备，与香港和记黄埔签订合同，为其提供固定网络解决方案。成立上海研发中心，并于 2004 年通过了 CMMI5 级认证。1997 年推出 GSM 设备，逐步研发了综合业务接入网和光网络 SDH 设备、GSM 设备一直到现在的云计算设备。它的产品是在不断地发展和扩大的。华为在原有产品的基础上，不断推出第三、第四代的电信通信设备和解决方案，在无线电、微电子、通信等领域不断推陈出新。1995 年华为就开始跟踪国际上 3G 技术的走向，而在当时国内并没有多少人看好 3G 领域且当时国内还未发放 3G 的牌照。华为从一开始就投入了巨大的人才、资金等进行 3G 的研发。而今，华为在一步步追求产品发明、投入巨大财力物力的基础上，逐渐做到了在 5G 技术上领跑全球，并于现阶段提出了“构建万物互联的智能世界”的发展宣言。

全方位创新策略。2008 年，华为公司成为世界专利“申请数量”(非核准)年度最多的公司，结束了飞利浦垄断长达十年之久的“霸主”地位。华为的创新：新标识灵动活泼，更加具有时代感，表明华为将继续以积极进取的心态，持续围绕客户需求进行创新，为客户提供有竞争力的产品与解决方案，共同面对未来的机遇与挑战。特别是高科技行业，没有核心技术，品牌会空壳化，没有生命力，所以，华为从一开始就非常重视自主的技术路线。

三、案例分析

华为的发展战略有着理论基础。华为秉持“以客户为中心”的理念，基于客户需求，逐步建立电信网络、全球服务和终端三大业务领域的综合优势，为客户提供云、管、端产品和解决方案，帮助运营商提高收益、提升宽带竞争力和降低总成本，实现商业成功。对华为进行波特五力模型分析：

(1) 客户议价能力。华为所在的电信设备行业，有同城兄弟中兴和爱立信、阿尔卡特-朗讯以及摩托罗拉这类国际巨头，在财力充分支持的情况下客户的选择余地很大，因此客户议价能力较强。

(2) 供货商议价能力。华为 2009 年已经覆盖 30 多个国家，有 800 多个供应商，未来计划逐步覆盖全球生产、工程、行政等合作供应商。另外中国人力成本较低，生产成本较低，同时华为在后向一体化方面有所作为，因此从总体上讲供应商议价能力较低。

(3) 替代品的替代能力。由于华为的产品及服务一直在价格方面具有很强的优势，加之近年来其创新能力和质量的快速提高，使得替代品的威胁大大降低。总体上讲其替代品的替代能力不强，其威胁主要来自政治层面。

(4) 新竞争者的进入能力。由于电信设备这个行业需要雄厚的资金、技术和创新实力以及国家政策的支持，新竞争者受限于以上一种或几种因素制约，其威胁性较小。另外，虽然行业前景广阔，但竞争激烈对新企业要求很高，新企业进入的可能性较小。

(5) 现有竞争者的竞争能力。2013 年以前，行业排名华为位居全球第二，仅次于爱立信。这样的位置无论是前面的爱立信还是后面的摩托罗拉、阿尔卡特-朗讯以及同城兄弟中兴都会全力利用各种条件和资源进攻华为。但是由于华为在价格以及技术创新和客户服务方面的相对优势，使得华为有力量进行反击甚至主动出击。但是在欧美市场特别是美国市场由于华为公司的背景，不是上市公司，现有竞争者的威胁就特别大。

基于波特五力模型分析，华为公司确定了在创新、技术以及优质客户服务基础上的成本领先战略。

四、案例拓展

(1) 流程重整。

华为以市场管理、集成产品开发、集成供应链和客户关系管理为主干流程，辅以财务、人力资源等变革项目，全面展开公司业务流程变革，引入业界实用的最佳实践，并建设了支撑这种运作的完整IT（信息技术）架构。

(2) 组织变革。

华为从产品线变革开始，以公司经营管理团队及战略与客户常务委员会作为实现市场驱动的龙头组织，强化市场体系对客户需求理解、战略方向把握和业务规划的决策支撑能力。同时，华为通过投资评审委员会、营销管理团队、产品体系管理团队、运作与交付管理团队及其支持性团队的有效运作，确保以客户需求驱动华为整体的战略及其实施。

(3) 控制德国质量和生产工艺。

华为邀请弗劳恩霍夫应用研究促进协会帮助进行生产工艺体系的设计（包括立体仓库、自动仓库和整个生产线布局），从而减少了物料移动，缩短了生产周期，提高了生产效率和产品质量，避免了一系列因为产品质量问题而导致公司形象受损、阻碍公司发展的状况。

(4) 供应链管理。

华为持续建设柔性的供应链能力，赢得快速、高质量、低供货成本供货保障的比较竞争优势；建设了扁平化的制造组织，高效率、柔性地保障市场要货需求。华为实施了质量工程技术，供应链能力和客户服务水平得到持续改善，发展与主要供应商的合作伙伴关系，加强采购绩效管理和推行基于业界最佳实践的供应商认证流程。

五、案例思考题

1. 在华为发展壮大的过程中，有哪些值得称赞的管理方法？

2. 如何理解企业文化在公司发展过程中的重要作用？华为是如何看待这一点的？

案例四

蒙牛的品牌打造

一、案例导读

蒙牛乳业于1999年成立，总部设在内蒙古呼和浩特的和林格尔县。在20多年的发展历程中，蒙牛乳业由中国乳业第1 116位上升为中国乳业数一数二的领头羊，创造了举世瞩目的“蒙牛速度”和“蒙牛奇迹”；从无市场、无工厂、无奶源、无品牌的不知名企业，发展成为拥有液态奶、冰激凌、奶品、奶粉、奶酪5大系列200多个品项的乳品集团。2009年荣登“荷兰合作银行”公布的“全球乳业20强”，2017年进入前10名。发展至现在，蒙牛乳业已成为中国乳品行业内发展最快、最具潜力的大型企业集团，在中国乃至东南亚市场上都有着广泛的品牌影响力。蒙牛乳业的发展历程，是一部创新史和探索史，在中国乳品行业中扮演着开拓者和变革者的角色，尤其在品牌塑造和营销手段上创新频出。

二、案例正文

公益营销策略

蒙牛的成功体现在很多方面，但从营销策略方面而言，蒙牛能在很短的时间内拿下巨大的市场份额，离不开蒙牛的公益营销策略。蒙牛选择“公益营销”方式，是其致力于长远发展策略的体现，在获取利益的同时承担社会责任，以人和社会的发展进步为出发点，借助公益活动树立了蒙牛良好的企业形象，也帮助蒙牛占据了大量的市场份额。

1999年蒙牛刚刚起步的时候，在没有品牌、没有市场的情况下，把900万元启动资金中的1/3用于公益宣传，让呼和浩特市一夜之间出现500多块写有“发展乳品行业，振兴内蒙古经济”以及“创内蒙古乳业第二品牌”的广告牌，以此打响蒙牛初创的第一块招牌。2001年夏天，国人的目光都聚集在“申奥”上，聚集最多眼球的事件通常也是商机无限的事件。刚刚起步仅两年的蒙牛瞄准了这一千载难逢的时机，在2001年4月，蒙牛就在深圳发动了“万人签名”活动——“深圳共申奥，鹏城大签名”，这是其后赞助申奥的一次预热。蒙牛打出了“一厘钱精神，千万元奉献”的旗帜，蒙牛在消费者购买的每袋牛奶、每根雪糕的销售收入中各提取一厘钱，累计1 000万元，分期分批捐给奥组委。在捐款信息发布的时候，蒙牛举行了新闻发布会，并进行了公证，同时向中国奥林匹克运动委员会致信，《光明日报》《经济日报》等几十家媒体对此事进行了报道。之后，蒙牛在《北京晚报》《南方周末》等全国40多个城市的主要报纸上，做了题为《一个"两岁半的孩子"为何向奥运捐款1 000万元》的软性宣传。"一个两岁半的孩子"与"捐款1 000万元"形成了极大的反差，在社会上产生了巨大舆论效应。借此，蒙牛进一步升华了企业形象。2003年春天，整个中国都笼罩在"非典"的恐慌中，蒙牛在新世纪中国第一场严峻考验中，扮演了和国家、民族同甘共苦的角色，禁止经销商涨价，大做公益宣传，捐款捐奶，在全民万众一心抗击"非典"的过程中，蒙牛的形象也得以大幅度提升。

既集中又分散的管理模式

坚持"既集中又分散"是蒙牛的信息化建设适应企业管理的一种独特方式，即在一个系统中，把各种不同管理特点的事业部都纳入进来。从系统设计上，蒙牛的权限体系设计得非常复杂，既集中又分散，主要系统管理的权限是由总部来掌握的，同时对下面的机构有权限的定义，比如按照事业部来进行管理，下面的各个事业部只能对分配给他们的权限机构以及他所管理的业务部门，比如库房、品类等进行授权和管理控制，不会影响到其他的事业部。在集团的层面上，总部能掌握全部的信息。总部是集中的，事业部是独立的，这样的系统设计支撑着1万多内外部用户，兼容不同的管理，既节省了成本，又取得了良好的效果。

三、案例分析

蒙牛品牌在成长过程中一直以市场为中心，依据市场需求、市场竞争等营销变量的变化而不断调整营销策略。蒙牛的营利模式是传统的出售商品赚取利润，但蒙牛高品质、高附加值及不断创新的产品为其赢得了竞争优势。在营销组合要素上，蒙牛高质量的产品是企业最基本的支柱，而强势的促销手段和遍布全国的分销渠道支撑了蒙牛营利模式的良性运转，促使企业快速成长。

(1) 波特钻石理论模型。

在经营过程中，蒙牛选择高质量、高附加值作为产品的属性定位点，以营养、健康为利益定位点，但目前尚无明确的价值定位。而确保产品定位实现的举措主要是蒙牛的强势促销和快速高效的物流分销系统。

创业之初，蒙牛集中开发一级城市的目标顾客，现在扩张渗透到二、三级城市和农村。不过，为了更好地满足目标顾客的需求，蒙牛还利用更为细化的市场细分变量对目标顾客再次进行细分。如蒙牛选择年龄作为市场细分变量，把目标顾客区分为老年、成年、青少年和儿童四种不同的消费群体；以牛奶食用时间为细分变量，把市场划分为早餐、晚餐、休闲和正餐四个细分市场；以产品口味差别为细分变量，按消费者偏好的不同，开发出草莓、香橙、葡萄、水蜜桃等多种口味的产品。蒙牛的长期发展目标是要把产品系列建设得更加完整、覆盖面更广，从而最大限度地满足各类消费者不同的消费需求。

蒙牛成立之时，西方成熟的现代化管理理念已在中国得到广泛的传播，而蒙牛创业者作为乳品行业的专家，更是深谙管理之道。故而，蒙牛在整个发展历程中的营销实践活动都比竞争对手活跃，颇具创新精神。在激烈的市场竞争中，蒙牛为确保市场定位的实现，并不与竞争对手展开价格竞争，而是通过高质量、差异化的产品赢得市场，并系统规划品牌发展战略，分三步走塑造出"蒙古牛""中国牛"和"世界牛"。

(2) 良好的供应链管理。

就蒙牛的分销流程而言，关键有四个环节，即采购环节、生产环节、库存环节和配送环节。在采购环节，蒙牛的原奶采购有两种模式：第一，"企业＋奶站＋农户"养殖模式。在该模式中，蒙牛对奶农提供各方面的扶持，并收购奶农的原奶，双方为互惠合作关系。第二，集约化牧场养殖模式。该模式主要指蒙牛建设的现代化牧场。目前蒙牛已建成中国规模最大、设施最为先进的澳亚国际牧场。在生产环节，蒙牛区别于竞争对手的地方在于采用了闪蒸技术并建立起全球样本工厂，其中闪蒸技术可以蒸发掉原奶中一定比例的水分，增加奶制品的醇香口感，而全球样板工厂采用智能化操作系统，使得从原奶到制成品均在封闭无菌的状况下完成。在库存环节，蒙牛于 2002 年投资建设立体智能化仓库，由电脑对商品的存储流程进行自动化管理，所有产品的装卸工作均由机械手完成，从而使货品出库速度大大提升。在配送环节，蒙牛主要采取缩短运输半径、全程冷藏运输和选择合适运输方式等举措来确保快速配送。其中缩短运输半径是蒙牛在全国建立生产基地，从而使得生产基地更接近消费市场；全程冷藏运输包括原奶运输、奶制品运输和终端低温保藏；在运输方式选择中，为确保奶制品新鲜快速地运送到消费市场，蒙牛通常选择运输费用较高的汽车运输，其次才是选择低成本的火车集装箱运输保质期较长的产品。

四、案例拓展

蒙牛的发展历程中充满探索和变革，在营销战略上更是如此，其创新的营销手法一直被业界竞争对手所学习和模仿。需要指出的是，每个企业成功的营销实践都有其特定的成长环境，并不存在一个可以让任何企业都能快速崛起的营销模式。

（1）清晰定位，有针对性地打造竞争优势。

企业不可能在所有的营销要素上都优于竞争对手，这就要求企业选择某个或某些营销要素有针对性地打造竞争优势。就蒙牛而言，其竞争优势来源于高品质、高附加值的产品。相比于竞争对手，蒙牛领先开发了中高端市场，从原味牛奶中开发出多品种、多口味的花色乳制品，并且把传统大众的牛奶与时尚、年轻、活力等关联起来。从表现形式上来看，蒙牛选择产品营销要素作为定位点似乎过于传统简单，但该定位点的成功却为蒙牛带来了持续性的竞争优势，是企业清晰定位、有针对性地打造竞争优势的成功案例。

（2）形成持续性的营销战略。

在营销实践活动中，企业可以依附于某个或某些重大的社会事件而一举成名，但参照成功企业的发展历程来看，只有长期系统的营销战略才能确保企业的长期成长。对于蒙牛而言，最为突出的是其一系列的营销事件，蒙牛的品牌知名度也正是依靠这一系列的事件而名声大振。事件营销成本较低，却可以产生强大的影响力。蒙牛选择的“公益营销”策略，通过长期的积累，帮助蒙牛不断提升知名度，逐渐打响了“蒙牛”这一中国品牌。

五、案例思考题

1. 通过蒙牛的快速崛起，我们能从中找到哪些创新之处？

2. 你认为蒙牛的营销和管理模式有哪些优缺点？

案例五

亚马逊的三次“角色转变”

一、案例导读

亚马逊公司成立于1995年7月，是一家《财富》杂志评选的世界500强企业，总部位于西雅图，是全球商品种类最多的网上零售商。亚马逊通过对“客户关系管理理论”的重视，致力于成为全球“最以客户为中心”的公司，逐渐发展壮大到现在的规模。在电子商务发展日趋成熟的今日，如何能有效地吸引更多的新客户、留住老客户，是电商关注的重点问题。通过对客户反馈的不断调研，优化调整企业对客户的服务，提高客户满意度，有利于吸引潜在的客户，扩大客户群体。亚马逊正是通过对客户关系的重视，三次调整企业角色定位，最终确立服务型公司的发展方向，才有了今天的成就。

二、案例正文

成为“地球上最大的书店”

1994年夏天，贝佐斯决定创立一家网上书店，他认为书籍是最常见的商品，标准化程度高，而且美国书籍市场规模大，十分适合创业。经过大约一年的准备，亚马逊网站于1995年7月正式上线。为了和线下图书巨头巴诺书店(Barnes & Noble)等进行竞争，贝佐斯把亚马逊定位成“地球上最大的书店”。为实现此目标，亚马逊采取了大规模扩张策略，以巨额亏损换取营业规模。经过快速扩张，亚马逊从网站上线到公司上市仅用了不到两年时间。1997年5月巴诺书店提供线上购物服务时，亚马逊已经在图书网络零售上建立了巨大优势。此后在和巴诺书店经过几次交锋后，亚马逊最终完全确立了自己地球上最大的书店的地位。

成为“最大的综合网络零售商”

贝佐斯认为和实体店相比，网络零售商很重要的一个优势在于能给消费者提供更为丰富的商品选择，因此扩充网站品类、打造综合电商以形成规模效益成为亚马逊的战略考虑。1997年5月亚马逊上市，尚未完全在图书网络零售市场中树立绝对优势地位的亚马逊就开始布局商品品类扩张。经过前期的供应准备和市场宣传，1998年6月亚马逊的音乐商店正式上线。仅一个季度亚马逊音乐商店的销售额就已经超过了 CDnow. com，成为美国最大的网上音乐产品零售商。此后，亚马逊通过品类扩张和国际扩张，到 2000 年的时候亚马逊的宣传口号已经改为“最大的网络零售商”。

成为“最以客户为中心的企业”

2001 年开始，除了宣传自己是最大的网络零售商外，亚马逊同时把“最以客户为中心的企业”确立为努力的目标。此后，打造以客户为中心的服务型企业成为亚马逊的发展方向。为此，亚马逊从 2001 年开始大规模推广第三方开放平台，2002 年推出网络服务，2005 年推出 Prime 服务，2007 年开始向第三方卖家提供外包物流服务，2010 年推出自助数字出版平台。亚马逊逐步推出这些服务，使其超越网络零售商的范畴，成为一家综合服务提供商。

三、案例分析

亚马逊重视客户关系管理，并通过对其物流供应系统、客户服务系统和售后服务系统三方面进行不断优化，逐渐打造出现在卓越的亚马逊客户关系管理系统。

(1) 客户关系管理理论。客户关系管理是企业活动面向长期的客户关系，以求提升企业成功的管理方式，其目的之一是要协助企业管理销售循环：新客户的招徕、保留旧客户、提供客户服务及进一步提升企业和客户的关系，并运用市场营销工具，提供创新式的个性化的客户商谈和服务，辅以相应的信息系统或信息技术如数据挖掘和数据库营销来协调所有公司与顾客间在销售、营销以及服务上的互动。它包括三个环节，分别是客户关系建立、客户关系维护、客户关系修复。亚马逊的客户管理系统主要由物流供应系统、客户服务系统和售后服务系统三方面组成。

(2) 物流供应系统。亚马逊从客户体验出发，这种理念和实践为客户提供了更方便、快捷的服务体验，也为企业赢得了新的竞争优势。亚马逊采用货到付款的支付方式，它还将消费者购物的流程缩减为：产品展示(消费者下订单)—进货—仓库中转—送货(到达消费者手中，同时支付)四个步骤。亚马逊快速的物流服务，满足了客户对服务的准确性和便捷性的需求。货到付款的收费方式，让客户更有安全感，有助于提高客户对亚马逊的信任度。此外，亚马逊通过与各地第三方物流公司合作，将分散在各地的配送公司整合起来，形成一个整体物流系统。以客户体验感受为出发点和参考标准，一方面企业可以对消费者的体验和需求进行即时掌控和跟踪服务；另一方面，也有利于在满足消费者体验的同时有效地控制成本，提高运营管理效率。

(3) 客户服务系统。亚马逊的客户服务信息系统，由客户管理系统支持，收集的数据量大、详细，主要包括：客户数量、客户账户信息、客户的购买信息、客户的偏好、客户的评价体系、客服服务、邮件服务等，详细地储存了客户在该网站上的所有活动信息。对于亚马逊而言，分析客户购买信息的记录，为企业库存管理、产品的更新、把握消费者需求、进行客户关系管理提供信息支持，能够促使企业更加贴近客户，了解客户需求，提升企业的业务流量。

(4) 售后服务系统。亚马逊的售后服务系统包括客户评价管理系统、商品咨询与退货管理系统。客户评价系统是指客户对于所购商品内容、质量和服务等各方面的评价。亚马逊通过评价积分，鼓励客户积极对商品进行评价。商品咨询与退货管理系统则是在客户需要了解商品的性能或是遇到了任何的质量问题时，都可以通过在线服务中提供的厂家联系方式与厂家进行联系。同时客户可与亚马逊的客服中心进行联系，在客服中心的协助下快速方便地解决问题。

四、案例拓展

(1) 网络客户关系管理。

通过实施信息化管理，可以提升业务处理流程的自动化程度，实现亚马逊企业各个部分的信息共享，提高企业员工的工作绩效，并有效减少培训需求，使亚马逊企业内部能够更高效地运转。网络客户关系管理，是通过网络与客户保持联系，使客户与亚马逊的联系更加方便，客户只需要登录网站就可以满足自己的需求，随时随地与企业取得联系。而且企业的客户关系维护成本低，只需要对网络系统进行维护以及更新即可，大量减少了企业的人员雇佣和其他的投资，节省了企业的投资和运营成本。

(2) “一对一”精准营销。

“一对一”精准营销的方式，改善了客户体验，提升了客户满意度和忠诚度。亚马逊对线上注册的客户进行行为跟踪、挖掘，针对热点潜在客户适时地展开一对一的营销。客户可以选择自己喜欢的方式，同亚马逊进行交流，方便获取信息，得到更好的服务。亚马逊能够持续改善客户体验，根据客户的个性化需求提供个性化的服务，这样随着客户满意度的不断提高，客户忠诚度也将随之提升，同时也能吸引到更多的新客户。

(3) 注重客户关系维护。

亚马逊通过网络的优势吸引和挽留客户，将网民都看作潜在客户。客户只要进入亚马逊的网站进行注册即可成为亚马逊的会员客户，注册信息简单，不涉及客户的任何隐私信息，只需要邮箱，而这个邮箱就是亚马逊与客户沟通的良好渠道。

(4) 数字与信息技术的应用。

亚马逊通过网络客户关系管理系统，可以随时记录客户的浏览历史、购买历史以及个人偏好等详细信息。亚马逊根据获取的信息制订营销计划，开展产品更新等一系列企业经营活动，为提升企业的运营效率和竞争力提供信息支持。

五、案例思考题

1. 亚马逊的网络客户关系管理模式，有什么优缺点？
2. 你认为电子商务企业应如何定位自己的企业角色？

案例六

营收之王沃尔玛

一、案例导读

沃尔玛公司是全世界零售业销售收入常年位居第一的巨头企业，素以精确掌握市场、快速传递商品和最好地满足客户需求著称，是著名的“全球500强排行”的冠军。沃尔玛公司是一家美国的世界性连锁企业，2020年以营业额计算为全球最大的公司，其控股人为沃尔顿家族，总部位于美国阿肯色州的本顿维尔。沃尔玛主要涉足零售业，是世界上雇员最多的企业，连续多年在美国《财富》杂志全球500强企业中位居榜首。沃尔玛百货有限公司由美国零售业的传奇人物山姆·沃尔顿先生于1962年在阿肯色州成立，经过数十年的发展，沃尔玛公司已经成为美国最大的私人雇主和世界上最大的连锁零售企业。目前，沃尔玛在全球15个国家开设了超过8 000家商场，下设53个品牌，员工总数210多万人，每周光临沃尔玛的顾客达2亿人次。

二、案例正文

沃尔玛的经营模式

沃尔玛在中国的经营始终坚持本地采购，提供更多的就业机会，支持当地制造业，促进当地的经济发展。沃尔玛在中国销售的产品中本地产品达到95%以上，与近2万家供应商建立了合作关系。沃尔玛一贯视供应商为合作伙伴，与供应商共同发展。沃尔玛每年直接采购的中国商品出口金额约为90亿美元，估计间接采购金额也超过90亿美元。沃尔玛采用了仓储式经营，因而在商品销售成本上更充分体现出规模效益。沃尔玛在品牌经营策略上，选择了多种零售形式以针对不同档次的目标消费者。正是由于沃尔玛全方位出击、抢占了高、低档市场，所以沃尔玛取代了曾经风靡整个美国的西尔斯，成为零售业第一品牌。沃尔玛采用低成本战略，使物流成本始终保持低位。在物流运营过程中尽可能降低成本，把节省后的成本让利于消费者，是沃尔玛一贯的经营宗旨。

捐赠公益

沃尔玛为了向顾客提供更多的实惠而尽量缩减广告费用，为此在促销创意上颇费心思，力争以最少的投入获取最佳的效果。凡是沃尔玛促销的商品总能被一抢而空。在促销方式中，沃尔玛特别重视发挥活动营销的作用。例如，在内布拉斯加州费尔伯里的分店成立了一支“精确购物花车训练队”，并组织员工参加了当地举行的花车游行活动。所有的队员都穿着沃尔玛的制服，推着花车变换队形，在游行队伍中显得格外引人注目。为了给社区乏味枯燥的生活增添些情趣，制造欢乐气氛，沃尔玛会经常性开展一系列户外大拍卖、乐队和马戏团表演，以吸引顾客前来购物。每年10月的第二个星期六，沃尔玛都会在奥尼安塔分店的停车场举行“吃圆月饼”的竞赛活动。这一活动吸引了许多来自其他州的顾客前来参加、观看。新闻媒体的采访报道更提高了该项竞赛以及沃尔玛的知名度。另外，沃尔玛在公司股票上市时，曾邀请华尔街的证券分析家和股东们泛舟溪流、露营湖畔，也提高了沃尔玛的知名度，获得了一致好评。

盈利模式

传统零售业的盈利模式主要是向消费者收费，即从上游生产厂商进货并以尽量高的价格卖给消费者，从而赚取利润。随着国内消费者的日益成熟，这种盈利模式将越来越不被消费者接受。从事零售行业的沃尔玛对传统的盈利模式进行变革，通过低价策略吸引顾客，聚集大量的顾客，通过规模进货再向上游制造商砍价。这种“天天低价，压低进价”来实现盈利的方式，既受到顾客的欢迎，也实现了企业本身的盈利。沃尔玛之所以能够通过低价策略聚集大量的消费者、增强向上游商家砍价的能力，从而扩大进销差价，与其庞大的规模、完善的渠道、高水平的低成本控制密不可分。专家指出，由于消费品制造企业大部分处于完全竞争状态，零售商在与制造商、消费者的利益争夺中占据相对优势地位，对制造商和消费者经济行为带来实质性影响，使其渠道价值日趋突出，沃尔玛赢就赢在渠道。

三、案例分析

零售业是一个竞争激烈的行业。沃尔玛的两个最近的竞争者是凯马特和西尔斯，三家公司都有着相似的战略，并有相似的成长过程，但是在整个20世纪80年代，沃尔玛的增长速度远比凯马特和西尔斯要快。

(1) 优势分析。首先找位，确定目标顾客。目前，沃尔玛在中国经营着购物广场、仓储商店和社区商店三种零售业态，并以前两种为主，但每一种业态都有自己的目标消费群。这三种形态的目标顾客虽有一定的差异，但都有一个共同特征：注重节俭。其次选位，确定市场定位点。沃尔玛对自己的定位点认知在于价格属性，即每天低价。长期以来，沃尔玛一直倡导“每天低价”和“为顾客节省每一分钱”的经营理念。该定位的选择有三大好处：一是通过薄利多销控制供应商；二是通过稳定价格而非频繁的促销获得可观的利润；三是通过诚实价格赢得顾客的信任。最后到位，实现定位战略。沃尔玛在产品和服务上做文章。在产品营销方面，一是在全球范围内直接采购最便宜的产品；二是通过中央采购使便宜的产品更便宜，取得大批量低价格的优势；三是通过信息管理技术降低物流成本。在服务方面，一是在不增加工资的前提下提高人员素质；二是在不增加费用的基础上改善服务质量，用企业文化的塑造和效益分享制度代替服务设施的增加。在便利方面，沃尔玛初期选择土地比较便宜且建筑成本很低的小城镇开店，进入大城市后，也是选择地价便宜和交通便利的城市边缘作为店址。

(2) 建立全球第一个物流数据的处理中心。20 世纪 70 年代沃尔玛建立了物流的管理信息系统(MIS)，负责处理系统报表，加快了业务处理速度。20 世纪 80 年代初，沃尔玛与休斯公司合作发射物流通信卫星，物流通信卫星使得沃尔玛产生了飞跃式的发展：1983 年的时候采用了 POS 机，全称 Point Of Sale，就是销售始点数据系统。1985 年建立了 EDI，即电子数据交换系统，进行无纸化作业，所有信息全部在电脑上处理。1986 年的时候它又建立了 QR，称为快速反应机制，快速响应市场需求。沃尔玛在全球第一个实现集团内部 24 小时计算机物流网络化监控，使采购库存、订货、配送和销售一体化。例如，顾客到沃尔玛店里购物，然后通过 POS 机打印发票，与此同时负责生产计划、采购计划的人员以及供应商的电脑上就会同步显示信息，各个环节就会及时完成本职工作，从而减少了很多不必要的时间浪费，加快了物流的循环速度。

(3) 应用技术。2004 年，全球最大的零售商沃尔玛公司要求其前 100 家供应商，在 2005 年 1 月之前向其配送中心发送货盘和包装箱时使用无线射频识别(RFID)技术，该技术 2006 年 1 月前在单件商品中投入使用。2005—2007 年，沃尔玛供应商每年使用 50 亿张电子标签，沃尔玛公司每年可节省 83.5 亿美元。凭借这些信息技术，沃尔玛如虎添翼，取得了长足的发展。

四、案例拓展

沃尔玛能够风行世界，首要因素无疑是“天天平价”的承诺。这个承诺绝非一句口号或一番空谈，而是通过低进价、低成本、低加价的“三低”经营方式做到的。沃尔玛“顾客服务”的原则有两条规定：第一，顾客永远是对的；第二，如果对此有疑义，请参照第一条执行。“让顾客满意”是沃尔玛公司的重要目标，“顾客满意是保证未来成功与成长的最好的投资”。沃尔玛为顾客提供“高品质服务”和“无条件退款”的承诺也不是漂亮的口号。这种诚信与规矩，确保了每个顾客都无后顾之忧。

(1) 保持与供应商间的良好关系。

沃尔玛公司的采购部门严格而功利,采购代理商们也尽其所能去获得最低的价格,并且沃尔玛的员工从不接受供应商的宴请。他们是一群对工作极为关心的人,他们对其购买力的有效利用要强于美国国内的任何其他人。他们最优先考虑的事情是,确保每一个人在任何时候任何情况下都知道是谁在主持局面。这就是沃尔玛。虽然沃尔玛在为获取低价的谈判中表现强硬,但沃尔玛仍会努力与供应商做到相互尊重,并结成互惠的长期伙伴关系。供应商被邀请到沃尔玛的分销中心参观,亲临现场看沃尔玛是怎样运转的,并且也了解到沃尔玛在获得更高的效率方面所碰到的各种难题。供应商们也会被鼓励就他们与沃尔玛关系中的任何难题发表意见,并且积极地参与沃尔玛的未来发展计划。这就是沃尔玛与其供应商之间的良好相处方式。

(2) 最新技术的使用。

沃尔玛积极地使用最新技术成果,以提高生产率和降低成本。公司的技术目标就是要向员工提供这样的工具:通过对这些工具的应用,可以使他们更有效地做好工作,更好地做出决策。技术的使用并不仅仅是代替现有员工的一个手段,沃尔玛应用技术的方法就是积极地尝试、试验,使用最新的设备、零售技巧和计算机软件。这对公司的运营而言具有很好的借鉴意义。在如今科学技术快速迭代的时代,如何通过高新技术的使用来跟上时代步伐、抓住最新商机显得尤为重要。高新技术有时候可以决定一个公司的兴衰,科学技术是第一生产力。

五、案例思考题

1. 你认为沃尔玛的营销模式有哪些值得学习的亮点?
2. 沃尔玛的经营模式之中存在哪些弊端需要改进?

第六章
领导心理管理

案例一

四不两直：王忠林履新武汉的一周

一、案例导读

2019年年末，一场始于武汉、凶猛更甚“非典”的新冠肺炎疫情扰乱了全国人民的生活，这种病毒传染性强、潜伏期长、隐蔽性高、易导致人体多器官功能衰竭，短短两月内便感染全球数万人。截至2020年3月27日24时，武汉市累计确诊50 006人，占全国感染人数的近60%。为尽快解决武汉市面临的重大疫情，原山东省委常委、济南市委书记王忠林调任湖北省委委员、常委和武汉市委书记。他在刚刚上任的一周内，大清查、走基层、悉民情、整队伍、追责任、治官员，秉持着“不发通知、不打招呼、不听汇报、不用陪同接待、直奔基层、直插现场”的领导原则，在短短一周内百分百全面清查了武汉市所有市民，实施社区管控，治理成效显著，受到武汉市民的一致好评。

二、案例正文

2020年2月19日是武汉新书记王忠林到任整一周，也是武汉全市拉网大排查的最后一天。18日下午，王忠林放出狠话：“如果再发现一例居家确诊病人，问责区委书记区长。”火线调任，雷霆行动。这恐怕是新冠肺炎疫情发生以来，武汉最为严厉的处罚。很多人都在睁大眼睛，看王忠林怎样拯救武汉于水火。

2月14日，是王忠林赴武汉工作的第一天。没有欢迎，没有寒暄，空降武汉的王忠林一到任，等着他的就是千钧重担，没有一丝缓冲。这天，王忠林开了个疫情会。会上，王忠林直奔主题，强调了两个关键词。第一，床位。有床位才能收治隔离病人，有床位才能彻底切断传染源，这是武汉疫情的症结所在。所以，继续新建方舱医院，尽快做到“床等人”。否则，所有的努力都将化为泡影。第二，物资。这也是前段时间舆论反映最强烈的问题。更重要的是，不能保障一线医护人员的物资，会极大削弱战斗力。第一天上任，王忠林并没有太多动作。除了这个短会，王忠林绝大部分时间都泡在基层。王忠林相信，自己的双眼比任何汇报都更实际，只有亲眼看到，才能查问题，打硬仗。事实上也的确如此，从第二天开始，王忠林就使出了一连串的雷霆手段。

2月15日，王忠林先与湖北省委书记应勇到一线调研。之后，他火速赶到疫情指挥部，召开视频调度会。这个会每天雷打不动。一天的调研，王忠林的思路已经清晰。没有任何客套，一上来，王忠林就点了江汉区的名。他用 4 个字对江汉区的疫情防控进行了总结：流于形式。王忠林的原话是："我在江汉区的一个超市看到，里面还有很多人在购物，甚至一家人都在。"到任第二天，王忠林就开始"挑刺"，这让到会的人有些发怵。实际上，王忠林痛批的问题，中央指导组也有发现。指导组在暗访中发现，有些超市竟然仍有大量人群在排队抢菜。这让他们既震惊又气愤：这种情况继续下去，所有的努力都将白费。刚到第二天的王忠林开始动刀。武汉开始实施严格的社区管控措施，所有小区一律实施 24 小时封闭措施。守住小区的门，就守住了大家的安全门、健康门。王忠林使出太极手，恳请领导干部换位思考，把病人当兄弟姐妹、当父母亲人。同时，他又敲打大家，切勿喊空口号，搞形式主义。一边干活，一边举刀，两手都不闲着。王忠林虽是紧急空降，但对武汉官场并非一无所知。防控的流于形式，对王忠林触动很大。

2 月 16 日，王忠林做出一个决定：开展为期 3 天的集中拉网式大排查，摸清底数。这是一道针对全市的死命令，没有丝毫商量的余地。2 月 10 日，武汉原书记马国强曾说武汉已经实现了 98.6%的排查，引发强烈质疑。实地暗访之后，王忠林发现，武汉的防控大网上窟窿眼太多了。千疮百孔的网，怎能网鱼？会上，王忠林使劲敲着桌子："这件事决不能再等了！"其实前一天，王忠林就发出了灵魂拷问："为什么我们动用了这么多人力物力还不能做到全部查清，而记者暗访就能发现 1 000 多例病患？实施拉网式排查，切断源头，势在必行。怎么查？不漏一户、不漏一人。怎么实现？各区党政一把手亲自上阵，各部门单位全部开动。要搞真排查，只有找到人、查到人，才能落实应收尽收。只有底数摸清了，才能把握疫情防控的主动。我们必须背水一战，没有退路，没有时间。"末了，王忠林又特别加了一句，"对落实不力者，将严肃追责问责"。"严肃追责问责"这 6 个字，让人动容，也让很多人看到了希望。说到做到，第二天就有 4 人因防控不力被火线拿下。一边做实事，一边整顿队伍，招招不误，刀刀见血。实际上，也只有实干与惩处并行，武汉疫情乱象才能得到根除。

2 月 17 日，是 3 天拉网式排查的第一天。王忠林再次向全市重申了死命令：要把全市所有人员通通扫一遍，该排除的排除。王忠林很清楚，疫情之所以迟迟得不到控制，原因之一就是排查不彻底，任由一些感染者游荡。不掌握底数，何谈切断传染源？这一天，全武汉都行动了起来，全副武装的工作人员，逐个小区，挨家挨户走访登记。这是一次真正意义上的排查，而非马国强所说的 98.6%的排查率。在排查的同时，发现感染者，立即就地收治。王忠林指示，不管重症、轻症，只要确诊都给看。他说：“这是人命关天的事，不能眼巴巴看着这些人失去生命。”之前武汉落下的短板，王忠林正在全力补救。他一边催促着大家多干快跑，一边发出深情呼喊：“每快一秒钟，就给更多的人带来希望。”

这些天，王忠林最多的工作就是下基层。2月18日，他再次以“四不两直”方式进行暗访。“四不两直”就是指不发通知、不打招呼、不听汇报、不用陪同接待、直奔基层、直插现场。其中一站，王忠林去了百步亭社区。因为万家宴，百步亭社区已成为敏感地。在这之前，几乎没有武汉领导去过。当天，王忠林戴着一次性口罩，走进了百步亭社区。随着王忠林的到来，“百步亭”这个敏感词终于出现在了官方新闻里。网友高兴，百步亭社区的居民更兴奋：担心这么久，终于盼来了希望。王忠林政法系统出身，在公安战线工作多年。网友说，作为老公安，暗访对王忠林来说是家常便饭，再有人想糊弄，就等着丢官吧。结束暗访后，王忠林直奔会场。就是在这次会上，他放出狠话：“如果再发现一例居家确诊病人，问责区委书记区长。”

经过3天的排查工作，成效已初步显现。微博上网友们说得最多的一句话就是：我们小区终于排查了。欣喜之情溢于言表，也足见这件事的意义所在。财新传媒副主编高昱特地赶到武汉五院实地查看，结果让他非常吃惊。十几天前，这家医院的门诊、急诊、急救都拥挤不堪、人满为患。而在前一晚，这里竟然空荡荡的。接诊处的护士说，她从晚上6点上班，到晚11点半，5个半小时内，只接待了8名病人。高昱觉得有点不可思议，又绕着医院转了半个多小时。结果，在这段时间里，3个住院部没有一辆急救车或殡仪车驶入。安静的院区，让高昱长舒了一口气。生活，本就该这样平静祥和。事实证明，拉网式排查起了作用。武汉，正在起变化。王忠林的“三板斧”，真正砍到了要害。所有人都期盼，将迎来一个不一样的武汉。

三、案例分析

王忠林在到任武汉的1周内，雷霆整顿、清查社区、深入基层，凭借自己的领导素质、领导能力和领导影响力，仅仅7天就取得了一系列治理成果，获得了市民们的赞誉。

(1) 王忠林到岗第二天便以身作则，深入疫情一线，体恤民情、了解民情，赢得了武汉市民的拥戴，充分体现了领导者非权力性影响力的重要性。非权力性影响力，即自然性影响力，它与领导者的职位、法定权力无关，是靠领导者自身的个性特征与作为形成的，并不是外界所赋予的；它主要是领导者的内在体现，使得被领导者有较强的自愿性追随其领导。王忠林通过非权力性影响力之榜样行为影响力，深刻地影响了被领导者的行为与心理，扭转了之前武汉市疫情治理的一片乱象。

(2) 王忠林坚持“四不两直”的领导原则，始终以民为本、以人为本，有较高的领导素质。领导素质指领导者在个人生理基础上通过学习和锻炼逐渐形成的在其领导工作中经常起作用的各种内在要素，包括个人先天禀赋和后天学习、实践两个方面的要素。狭义的领导素质主要指领导者的政治思想、道德品质、业务能力、文化、心理和身体等方面的素质，而广义的领导者素质还包括了领导观念和领导作风。

(3) 王忠林到任之后，决策果断、雷霆整顿，不拖泥带水，体现了领导者较好的决策能力。领导决策指领导者对一个缺乏确定性的事情做出的抉择反应。领导即决策，领导者的决策能力是其领导能力中重要的一部分，是一项综合性的能力。王忠林面对武汉疫情尚未明朗的境况，果断提出继续新建方舱医院、全市摸排、惩治不作为官员等治理手段，短期内控制疫情继续发展，为救治工作赢得了时间。

四、案例拓展

党的十九届四中全会以来，国家治理体系和治理能力现代化对领导者的领导素质与领导能力提出了新的要求。新时代背景下党对领导干部的基本要求可归纳为两个方面：一是具有过硬的“政治素质”，二是掌握良好的“治理能力”。政治素质是党的领导干部首要的、基本的素质，决定了领导干部工作的方向和动力；治理能力是领导干部实现“善治”目标、构建现代社会治理格局的必要保障。两者均为党培养和考察领导干部的关键标准。

(1) 素质是个体完成一定活动与任务及其发展所需要的身心条件。新时代党的领导干部素质的基本构成包括过硬的政治素质、深厚的理论功底、高超的领导艺术、精深的专业能力、高尚的道德情操、坚定的法治信仰、强烈的创新精神、务实的工作作风等几个方面，其中，政治素质是领导干部从政履职所有素质结构中的核心与关键素质。从外延来看，政治素质包括马列主义理论水平、共产主义信念和政治立场、组织生活中的党性原则、政治纪律等行为品质，也包括对社会政治问题的认识和参与政治活动的能力，还包括政治敏锐性和鉴别能力、宽阔的眼界和战略思维能力。

(2) 治理能力内涵的释义主要有三个层次：在宏观层面指国家治理体系与治理能力现代化在社会不同领域的顶层设计与总体实施要素条件；中观层面主要涵盖政府以及各种社会组织对人力资源配置和公共服务效率、效果提升以及社会生活规范化等方面的调控；微观层面涉及个体能力素质、个性特点、动机等与工作效率、职位匹配、薪酬激励等之间的关系以及对绩效的综合影响。领导干部的治理能力是国家治理能力的重要组成部分和具体体现，主要包括运用民主集中制做决策抓落实的能力、依法执政能力和坚持党的群众路线、密切联系群众、凝聚群众智慧与力量的能力。中央高层领导治理能力侧重于执政能力、决策能力、领导能力；省市中层领导治理能力侧重于决策能力、领导能力、规划能力、组织能力、沟通能力、协调能力；县乡基层领导治理能力侧重于规划能力、计划能力、执行能力、组织能力、沟通能力、协调能力。

(3) 习近平总书记在党的十九大报告中提出，要建设忠诚干净担当的高素质专业化干部队伍，为新时代领导干部队伍建设指明了方向。建设高素质专业化干部队伍的路径包括三点：其一，落实好"好干部"标准，着力提高干部的政治素质，包括注重提高政治能力，牢固树立政治理想，正确把握政治方向，严守政治纪律。其二，适应新时代要求，着力提升干部的专业能力。社会瞬息万变，即使是有一定专业基础和工作经验的领导者，如果因循守旧，不能及时更新专业知识，也会被时代所淘汰。其三，增强岗位责任感，着力培养干部的专业精神。专业精神往往表现为一种敬业的态度，是专业能力在精神层面的升华。

五、案例思考题

1. 领导者的政治素质与治理能力指的是什么？

2. 在国家治理体系和治理能力现代化的背景下，领导者应该怎样提升自我？

案例二

罗斯福：深入人心的领导者

一、案例导读

富兰克林·罗斯福是美国第32任总统，是美国历史上唯一连任超过两届的总统，美国迄今为止在任时间最长的总统。他领导美国走出经济危机，参加反法西斯战争，被评为美国历史上最伟大的三位总统之一。美国著名记者约翰逊在《罗斯福传记》中写道："他推翻的先例比任何人都多，他砸烂的古老结构比任何人都多，他对美国整个面貌的改变比任何人都要迅猛而激烈。"罗斯福在任期间举行"炉边谈话"，废除禁酒令，真诚对待下属和人民，从人民的需求出发实施纲领策略，向我们展现了一位伟大领袖的领导原则和领导心理：好的领导要看到人心深处。

二、案例正文

语言是领导者最有力的工具，好的领导者是善于讲故事的人

1933年3月12日即罗斯福就职总统后的第8天，他在总统府楼下外宾接待室的壁炉前接受美国广播公司、哥伦比亚广播公司和共同广播公司的录音采访，工作人员在壁炉旁装置扩音器。总统说："希望这次讲话亲切些，免去官场那一套排场，就像坐在自己的家里，双方随意交谈。"罗斯福的定位非常清楚："我一定要让普通工人也能听得到我的演讲。"罗斯福确实有做好"炉边谈话"的天赋，他的音质优美、语调放松，更重要的是，他与民众的贴近是发自内心的，而不是做作地表演出来的。哥伦比亚广播公司华盛顿办事处经理哈里·布彻说："既然如此，那就叫'炉边谈话'吧"，于是这次演讲就此定名。罗斯福第一次"炉边谈话"就取得了意想不到的成功。在谈话中他简洁明了地对民众说："我敢向大家保证，把钱存在重新开业的银行里比放在褥子底下安全。"他还巧妙地告诉人们只要把钱存入有偿付能力的银行，就是一种爱国之举。罗斯福在其12年的总统任期内，共做了30次"炉边谈话"，每当美国面临重大事件之时，总统都用这种方式与美国人民沟通。在美国陷入困境的那段日子里，"炉边谈话"堪称罗斯福的一大"秘密武器"。

6 000万人凝神倾听着罗斯福的讲话，就好像与总统面对面聊着家常。人

们显然是被罗斯福的诚恳和亲切打动了，也相信了他的说法。第二天（1933年3月13日）是星期一，无数的美国人排起了长龙，急切地要把钱重新存回银行。而关闭了一周多的纽约证券交易所也重新开市了，当天股价上涨了15%，创造了半个多世纪以来单日最大涨幅。“炉边谈话”后的一个星期内大多数不久前关闭的银行重新开业了。事实证明，无线电波传出的不仅是亲和力，还有一种经济上的兴奋剂。让后世许多领导人深为羡慕的是，罗斯福是少有的、民众认为可以与之互诉衷肠的总统。而在那个困难的年代，民众非常渴望相互之间以及同他们的领袖之间能够建立起一种情感上的联系。而富兰克林·罗斯福恰恰满足了他们的这个愿望，并且亲切地称他们是“我的朋友们”。据统计，在12年总统任期内，罗斯福通过电波与民众交流时，超过300次以“我的朋友们”的亲切称呼表示对他们的欢迎。多年后人们才慢慢发现，看上去是罗斯福总统在与民众进行着交谈，在鼓舞他们的士气，其实，更多的时候罗斯福是在用这一系列特殊的方式倾听民众的心声。他觉得，要想得到民众的回应，领导者首先要表现出坦诚和耐心。

时机就是一切，要在恰当的时机做恰当的事

与许多改革家不同的是，罗斯福不会勉强去做事，他一定要在时势需要以及民心所向时采取行动。这样顺势操盘，会取得良好的成效。这一点从罗斯福取消禁酒令一事上就可见一斑。应该说，罗斯福确实有其过人的精明和对人性的了解。在美国经济超级低落的状态下，罗斯福意识到，在这种民众内心郁闷的当口以往的禁酒令（1919年美国国会通过宪法第八修正案，也就是全国禁酒令，规定自次年起一切生产、销售、饮用酒类的行为非法）已经不合时宜了。这时候人们需要的是抒发胸臆，是重新燃起对生活的热爱与希望。也正是在发表“炉边谈话”之前，罗斯福连续向国会提交了两份咨文，要求修改1919年的禁酒令以使出售轻度啤酒合法化。而参众两院也顺应民意，在一周之内就通过了节约法案和深得民心的啤酒法案。就这样，时隔13年，啤酒第一次在美国可以合法出售了。对未来的日子不再怀有恐惧的美国人载歌载舞，开怀畅饮，抒发着压抑了多年的郁闷之气，当然也少不了感念罗斯福的苦心。人们不再像是快要被淹死的人那样期盼着救命稻草，如今他们已经抓住了希望。在恰当的时机做恰当的事——事实上，无论是在政治上还是经济上，乃至生活中，在许多情况下做决策时都应遵循这一原则。

三、案例分析

罗斯福在担任美国总统期间，顺应时局，从人民角度思考问题，展现坦诚和耐心，支持民众，在恰当的时机做了恰当的事情，从而得到广大美国人民的热情拥护，逐渐引领美国走出低迷阶段，得到全国人民的拥护和爱戴。

(1) 罗斯福善于沟通，具有远见卓识，能够关心群众生活，鼓舞士气。

根据柯维领导中心的领导者品质调查，对于一名优秀领导者来说，排在首位的品质便是善于沟通，再者是品格正直、喜欢团队工作、具有远见卓识、果断决策、关心下属、鼓舞人心等。作为一名国家领袖，罗斯福从群众的利益出发，不论是“炉边谈话”，还是废除禁酒令，都展现了领导者最重要的领导品质——善于沟通和鼓舞人心。通过平易近人的沟通，罗斯福不仅拉近了和人民之间的距离，在萧条的经济环境下极大地鼓舞了全国人民渡过难关的信心，还有效地推进了政策的实施，得到人民的拥护和爱戴，成为最受欢迎的领导人之一。

(2) 领导行为四分图理论。

领导行为四分图理论是由美国俄亥俄州立大学的领导行为研究者们在1945 年提出来的，包括低关怀—低工作、低关怀—高工作、高关怀—低工作、高关怀—高工作四种类型。罗斯福是典型的高关怀—高工作的领导者，他不仅关心人民的生活疾苦，切身为人民着想，还关心政策任务的完成情况，两手一起抓，达到更高绩效和满意度。

(3) 员工导向的领导行为。

密歇根大学的研究者将领导行为划分为两个维度——员工导向和生产导向。罗斯福秉持“好的领导要看到人心深处”的思想，是一位员工导向的领导者。作为员工导向的领导者，他更重视人际关系，关怀员工的需求，能够获得高的团队生产效率和高的团队满意度，可能这就是罗斯福可以成为美国历史上最伟大的三位总统之一的原因之一。

四、案例拓展

领导者要凝聚团队，提高领导满意度和追随力，就要做到善于沟通、关怀员工、创建关怀性的组织文化。

(1) 领导者要善于沟通、乐于沟通，学会主动与人沟通。

在现今的企业组织中，组织的中间层次越来越庞大，很多问题的解决都需要通过沟通来实现。领导者不善沟通、不乐于沟通，就会增加组织的沟通成本，也会使领导者和下属之间存在隔膜，这非常不利于领导者进行有效的领导。现代领导者在实际工作过程中，会面对内外各种各样的复杂群体和各种类型、特点的个人，会遇到许多棘手的问题。这就需要做好沟通，进行有效的沟通。领导者的沟通并不是私人的、随意性的、无计划的沟通，而是以工作目标为中心的沟通，其目的是消除隔阂、化解矛盾、增强凝聚力、促进工作、提高绩效。因此，领导者的沟通就要达到一定的沟通目标，使沟通成为有效的沟通。

（2）领导者要关怀员工，激发下属潜能。

现在的员工不仅需要从工作本身获得成就感，更需要从领导者、从组织中获取更多的关怀与赏识。他们希望自己的工作价值得以体现，他们渴望被认可，他们想获得展现自己的机会，他们需要能充分发挥自身能力及开发自身潜能的工作。所以适当的领导关怀是必不可少的。同时，领导者也要寻觅各种方法来激发员工的潜能。员工的潜能是组织保持竞争优势的一种重要资源。员工希望领导者能与他们分享信息，并能与他们建立良好的伙伴关系。在诚实信任的基础上与员工建立牢固的伙伴关系，这将创造和谐的工作氛围，使员工愿意把工作做得更好。

（3）领导者要建立激励、关怀性的组织文化。

国内外研究表明，工作特征表现为高要求、资源少、低自主、低支持等，易导致员工出现职业枯竭。研究表明，领导的工作风格与组织文化对员工预防与降低职业枯竭具有重要作用。高工作—低关怀的领导风格虽然会提高员工的工作效率，但员工离职率和抱怨率却很高；而高关怀—高工作的领导风格，则是一种具有双重激励作用的领导风格，它建构的是激励与关怀相结合的组织文化。个性化的领导风格也是缓解职业枯竭的有效途径，满足个人需求的工作激励可以有针对性地为员工提供资源，减少并消除职业枯竭。领导对员工提供的实际支持（为员工提供物质、建议、反馈、进修等激励方式）对于缓解员工的认知枯竭、提高个人成就感具有积极作用；提供情感支持（如倾听、关怀、鼓励等）对于缓解情绪枯竭、提高个人成就感具有更好的帮助。同时，对员工进行定期的健康教育与健康监控，也体现了重用与关怀相结合的组织文化特征。

五、案例思考题

1. 你认为罗斯福身上有哪些领导品质值得学习？
2. 作为高关怀—高工作的领导者，应该从哪些方面做起？

案例三

从刘备和曹操看不同的领导艺术

一、案例导读

《三国演义》描绘了蜀汉争霸的宏伟场面，也淋漓尽致地刻画了两位主要领导人——刘备和曹操斗智斗勇的精彩画面。两位领导人虽然是死对头，领导着各自的军队，但是他们两人都拥有变革型领导者共同的领导艺术，可以说这些行为和特质方面的领导艺术也促成了这两位领导者走上各自的建国伟业道路。

二、案例正文

领导艺术之沟通

沟通是人与人之间、人与群体之间思想和感情的传递和反馈，以求思想达成一致和感情通畅的过程。刘备深知要得到他人的支持与跟随，向他人沟通自己的愿景是非常重要的。他在初次访问诸葛亮时为了遇见诸葛亮，就向诸葛亮的朋友崔州平说："方今天下大乱，四方云扰，欲见孔明，求安邦定国之策耳。"而后遇见诸葛亮，刘备又与其沟通，说明他的志向："汉室倾颓，奸臣窃命，备不量力，欲申大义于天下。"诸葛亮与刘备沟通后之所以答应出山襄助，也是因为他认为刘备具备两个最基本的条件：其一，刘备具有雄才大略能干一番大事业的英雄；其二，刘备以复兴汉室为己任。

相较于刘备来说，曹操也懂得适时与下属沟通自己的宏伟愿景。他曾豪情满怀地对众官和盘托出心中宏愿："吾自起义兵以来，与国家除凶去害，誓愿扫清四海，削平天下；所未得者江南也。今吾有百万雄师，更赖诸公用命，何患不成功耶！收服江南之后，天下无事，与诸公共享富贵，以乐太平。"他还横槊赋诗，吟出了"山不厌高，水不厌深；周公吐哺，天下归心"的千古名句。因此，曹操通过有意识地向下属传播沟通愿景，吸引了一大批志同道合的仁人志士汇集到他身边，大家一起朝着既定远景打拼。

领导艺术之创造授权机会

所谓领导授权，是在组织系统内部，领导者将组织和人民赋予自己的部分职务权力授予下级职能机构，以便下级组织能够在上级的监督下自主地行动和处理行政事务，从而为被授权者提供完成任务所必需的客观条件。刘备深知诸葛亮的才干与足智多谋，在请诸葛亮出山后，便拜之为军师，大小战役均先问其意见。诸葛亮也深切感受到了刘备的信任，帮助刘备出谋划策，为刘备建立蜀国立下汗马功劳。后刘备又拜诸葛亮为丞相，国家大小事务均交由诸葛亮处理。刘备临终时，更是表达了对诸葛亮的极度信任："君才十倍曹丕，必能安国，终定大事。若嗣子可辅，辅之；如其不才，君可自取。"所以，在刘备如此重用之下，诸葛亮哪有不忠心耿耿之理，效犬马之劳为蜀国鞠躬尽瘁，死而后已。

曹操也深切懂得授权的道理。他在用人上总是能做到用人之长，更是打破了前人的求贤方针，提出"唯才是举"的政策，充分做到仁者用其仁，智者取其智，武将任其勇，文职尽其能，最大限度地发挥属下特长为其所用。司马光曾高度评价曹操："王（指曹操）知人善察，难眩以伪，识拔其才，不拘微贱，随能任使，皆获其用。"由于曹操处处注意量才使用，因而郭嘉、程昱、荀彧、贾诩料人料事，张辽、徐晃、庞德优于将略，许褚、典韦、张郃、夏侯淳、于禁骁勇无敌，都各得其所，尽情发挥，为曹操的建国立业立下了不朽的功劳。

领导艺术之关心和尊重追随者

刘备的关爱与尊重下属可谓世人皆知，充分体现了他"仁者"的形象。他自初起兵时就很敬重人才，与关羽、张飞二人"桃园结义"，与他们"寝则同床，恩若兄弟"，与赵云"同床眠卧"，待诸葛亮更是"食则同桌，寝则同榻，终日共论天下之事"。后来赵云在长坂坡拼死救出阿斗，刘备却接过阿斗，丢在地上，骂道："为汝这孺子，几乎损吾一员大将！"足以可见刘备爱将胜过爱子，下属皆深深感动。由此可见刘备非常重视自己的追随者，深知"举大事者，必以人为本"的道理。

曹操也对下属尊重关爱有加。曹操的"我有嘉宾，鼓瑟吹笙"的诗句，反映了他礼贤下士，欢迎、接纳人才，关心人才。他对下属的关爱也充分体现在他对部属的生病或牺牲乃至对其家属子女的关心上。比如关心部属的病情，抚恤将士、谋臣的家属，抚养故旧的子女，等等。曹操更是尊重体恤下属。在官渡之战胜利后，下属搜集到本营中有一些人给袁绍的投降信件，问曹操如何处置，曹操深知下属的难处与不得已，连看都不看，就把信给烧了。这些都充分表明了曹操对下属的那一份深切特殊的关怀情感，所以才有这些人才对曹操事业的无限忠诚，为曹操战胜对手、统一北方做出了巨大的贡献。

三、案例分析

刘备和曹操两位领导者从沟通、授权和关心下属三个方面展现了变革型领导者凝聚团队士气、激发下属积极性、提高自身追随力的领导行为和特质，对现代组织领导行为和领导心理的实践有重要意义。

(1) 刘备和曹操二人皆是沟通愿景的高手，懂得在适当的时间向适当的人表达自己的愿景，来赢得他人的理解与支持，充分体现了此人沟通(愿景)的才能。二人沟通的目的在于向世人表达自己的理想是要在天下大乱的环境中施展才能、治国安邦，同时团结志同道合之士为了相同的团队目标一齐奋斗，极大地提高了组织的凝聚力和主动性。

(2) 刘备和曹操作为两个团队的最高领导者，均懂得授权的艺术，充分利用下属的智慧为己所用，不但激励了下属，而且达到了成就自身伟业的目的。他们二人不仅懂得适时授权、大胆放权，而且注重知人善任，将不同能力的人放置在合适的位置，最大限度地开发下属的才能，在满足下属需求的同时，也提高了下属的忠诚度。

(3) 现代社会不断讲求人本管理理念，强调充分尊重下属的意见与想法，不断给予他们关心与帮助，想办法创造机会促使每一个人都达到自身的理想状态，使他们在工作中获得满足感，取得事业上的成功，这样才能真正调动下属的积极性，释放他们的工作激情，这样的领导者才能真正赢得人心，并创造和谐共进的组织文化氛围。刘备和曹操可谓这方面的高手，他们的领导行为不断验证着这方面的领导艺术，所以才能有众多下属的衷心追随。

四、案例拓展

变革型领导者主要通过领导魅力、领导感召力、个性化关怀等，让下属意识到所承担责任的重要性，以最大限度地激发其自身潜力，获得更高水平的组织绩效。

(1) 众多的变革型领导理论对沟通做了不同表述。库泽斯和波斯纳(1987)把“赢得他人支持”描述为“使别人了解愿景”。科特和赫斯克特(1992)则简称为“愿景沟通”。康格与卡纳果称之为“关注点管理”。这些概念都清楚地表明，领导者把沟通当作激励他人行动的手段。所有这些理论，都将沟通看作最基本的行为或技能。领导者的沟通能力包含了表达、倾听和设计(形象设计、动作设计、环境设计)等能力，实质上是一种个人素质的重要体现。

(2) 领导分析家林勒・麦克法兰深信：“授权式的领导模式不依赖于职位权威，而是使所有人都有机会承担起领导的角色，如此一来，他们就能轮番贡献自己的长处。”领导者要敢于给下属锻炼的机会，敢于充分信任下属，给他们创造适当的机会，赋予他们合理的权限，让他们在授予的权限中逐渐成长强大。只有这样，才能培育好组织的核心员工，让员工得到更多锻炼，为组织的未来打下坚实的基础。同时授权必须要有必要的监督机制，只有这样才能起到约束下属的作用，也才能达到授权是为组织所用的最终目的。

(3) 领导者日常的领导行为在突出“领导权威”的同时，也要表现出对下属的关怀，走群众路线，贴近下属。领导者必须以热情和真实感对待下属，在下属的工作和生活上表现强烈的关怀，并为下属的自身发展创造良好的平台，以坦率和直截了当的态度对待下属。下属是工作成绩的真正创造者，尽管领导可用高压手段迫使下属去服从，但很可能会激起下属的逆反心理，从而消极怠工或暗中抵制，以致降低工作效率，影响工作目标的实现。

五、案例思考题

1. 你认为刘备和曹操身上有哪些优秀的领导品质？

2. 变革型领导者在授权过程中需要注意哪些问题？

案例四

“平凡人物”马云的领导魅力

一、案例导读

阿里巴巴集团创立于1999年，由马云和他的17个朋友在其杭州的公寓中一手创立，集团的子公司及关联公司有阿里巴巴B2B、淘宝网、天猫、一淘网、阿里云计算及支付宝等。继成立B2B网上交易平台阿里巴巴后，阿里巴巴集团于2003年5月投资1亿元人民币建立网上购物平台淘宝网。淘宝网经过10年的发展超越亚马逊公司和eBay的之和，成为全球电商销售额最高平台。英国《经济学人》杂志称其为“世界上最伟大的集市”。阿里巴巴当下所取得的这些巨大成就，得益于当今中国良好的发展机遇和商业环境，得益于辛勤劳作的员工，得益于积极、充满活力的企业文化，最关键还在于马云及其管理团队的杰出领导。

二、案例正文

马云出生于一个普通的家庭，父母靠评弹技艺为生。马云坚信只有知识才能改变命运。马云从小便对英语有着浓厚的兴趣，有整整9年时间，他每天都早早起床，骑上他的自行车奔向杭州大酒店，他在那里和外国游客交上朋友，免费充当导游，以练习自己的英语。马云参加了3次高考，前两次均以落榜告终，但他始终没有放弃，终于在第三次高考后考上了杭州师范学院。

1994年马云创立了一家翻译公司，借着去美国出差的机会，在那里接触了互联网，当时中国官方媒体甚至不曾提及互联网的存在，而马云已在那时描绘起自己伟大的蓝图和愿景。于是乎，1999年他联合17位朋友在杭州的公寓里创立了阿里巴巴，他发表了励志的演讲：“中国人的大脑和美国人一样聪明，这正是我们敢于和他们竞争的原因。如果我们是一个优秀的团队，而且我们知道自己想要做什么，那么我们就能以一当十”，展示了自己的雄心、愿景、斗志和使命。2004年，马云创立第三方网上支付平台支付宝。2007年11月，马云创立的阿里巴巴网络有限公司在香港联交所主板挂牌上市。2014年9月19日，阿里巴巴集团于纽约证券交易所正式挂牌上市。

阿里巴巴集团从1999年创立至今，虽然遇上了京东、聚划算、聚美优品等一系列强大的网商对手，但从未被击垮，一直跻身于行业内的领先地位。天猫网一年一度的“双十一”活动，更成为全国一年一度的盛世，2018年度“双十一”2

分钟的成交额就突破了100亿元，网上也开始流传“无数个败家女人成就了一个马云”的言论。

马云无疑是自信的。他说过：“我深信不疑我们的模式会赚钱的，亚马逊是世界上最长的河，8848是世界上最高的山，阿里巴巴是世界上最富有的宝藏。”很多人称其为狂人，但这正是其自信的表现。创业之初马云就说过很多“大话”，当时很多人都对他不屑一顾，然而今天，没有人再会怀疑他。无论是从盛传的“马云语录”中，还是从那些关于他的书中，我们听到的、看到的都是一个自信满满的马云。马云不断向外界传达他自己的想法，让外界看到阿里巴巴的活力，同时向外界散发自己的魅力。一位阿里巴巴的前员工在谈及马云时说道：“任何未来想在中国科技行业中做点什么的人，在谈及马云时都要慎言，因为他的影响力太强大了。”马云运用他过人的智慧巧妙地控制着阿里巴巴的管理团队，他说永远不要让别人为你干活，这就是智慧所在。

而在马云对企业的管理上，他更多的不是进行强化管理，而是引导员工朝着一个共同的方向去努力。在阿里巴巴，对每一位员工并没有工作的硬性要求，而是给大家一个共同的愿景，引导其努力。除此之外，马云成立了一个部门，专门接受员工的投诉和意见，所有向该部门反馈的事情，都会得到及时的处理，哪怕仅仅只是伙食问题。春节时，马云会给员工家属写一封信，告诉其员工在公司的工作状况、未来的发展前景，并感谢家属为其提供了如此优秀的员工，使员工和其家属都能感受到公司对他们的关爱。在年会上，马云卸掉了自己老板的身份，以类似于Lady Gaga的造型和员工们一起庆祝新一年的到来，使员工感受到阿里这个大家庭的温暖。对太极有了一定了解以后，马云便请来全国著名太极大师王西安到杭州总部教大家练太极强身健体。

在中国，成功的创业者大多借鉴海外发展起来的商业理念，但马云是一位真正的创新者。与他同时代的人，大多复制成熟的商业模式，创立“中国的谷歌”“中国的亚马逊”以及“中国的推特”。但当马云1999年在自己的公寓里创立阿里巴巴时，企业对企业(B2B)电子商务网站还不存在。这也是他善于审时度势的表现，他总能在危机到来前做好预防、化解危机的准备，跟随时代的脚步不断的变革和创新。阿里巴巴是新时代民营企业的成功的典范。阿里巴巴的成功归功于整个公司团队的努力，员工的敬业，更重要的是拥有一位卓越非凡的领导者马云。正是马云的个人魅力成就了神话般的阿里巴巴，正是马云的卓越领导成就了突飞猛进的阿里巴巴。

三、案例分析

马云作为魅力型领导的典范，表现出突出的行为特征，包括：具备强烈的自信心、强烈的权力欲求、有效表达愿景的能力、极强的意志和坚定的信念以及对环境的敏感度。同时，马云表现出参与式领导风格，鼓励下属按照自己的想法自主决策。

(1) 马云具有强烈的自信心，并极大地感染了组织中的员工，使其不断接收到“正能量”，带动组织激情。马云在创立阿里巴巴时就放出豪言壮语“中国人的大脑和美国人一样聪明……那么我们就能以一当十”，这在当时极大地鼓舞了创业团队的信心。他坚信阿里巴巴的模式会赚钱，是世界上最富有的宝藏，虽然会被同行看作是“狂人”，但这也正是他自信的表现。

(2) 马云对于员工所提出的诉求会及时解决，让员工能感受到公司对他们的尊重，他们是公司中的一分子，而不是公司的打工者，从而对公司有更高的忠诚度。马云深入到员工基层中去，关心员工工作外的需求，如伙食、身体、家庭的需求，将阿里巴巴塑造成为一个大家庭，让每一个员工都渴望通过自己的努力使得家庭生活更加美好，而自发地为阿里而努力工作，这正是领导者团结和凝聚组织力量的魅力。

(3) 马云作为一名魅力型领导者，具有非凡的人格魅力，能对下属产生深远的情感上的影响，使得下属表现出对领导的追随，对工作和组织更高的满意度和绩效。正如他的员工所说“任何未来想在中国科技行业中做点什么的人，在谈及马云时都要慎言，因为他的影响力太强大了。”同时马云拥有对环境的敏感性，在行业中具有远见，能够向下属描绘愿景，怀有坚定的信念并能够清晰地表达出来。

四、案例拓展

1977 年美国管理学家罗伯特·豪斯最先在管理学界提出了魅力型领导理论，他认为魅力型领导是指能让追随者相信并接受领导者的信仰，使下属认可并模仿其行为，让下属对组织目标的实现产生使命感。魅力型领导也可以看作是一种激励方式，能够充分调动起员工的积极主动性，充分发挥他们的创造活力，建立起领导与员工共同的愿景。

(1) 魅力型领导者突出的行为特征表现在以下几点：具备强烈的自信心、强烈的权力欲求、有效表达愿景的能力、极强的意志和坚定的信念、对环境的敏感。这一类型的领导者在组织中首先要明确表述一个清晰的、有吸引力的愿景，包括确立组织的核心目的、组织存在的深层原因和核心价值、组织的基本原则，以及组织要努力实现的或者创造的、某种需要巨大改变和进步才能实现的目标；其次用强烈的、富于变现力的方式来传达愿景，并在愿景和实现愿景的可靠战略之间找到明确的联系，以便说服追随者。

(2) 领导者的信心、乐观和热情是有感染力的，展现强烈的自信和实现愿景的信心对于魅力型领导者来说是极其有必要的。向下属传达信息，对追随者抱有很高的期望，对其能力也充满信心，可以有效地调动下属的积极性，提升其忠诚度。反之，如果领导者自己失去了信心，变得犹豫不决，那么绝不可能期望追随者相信愿景。

(3) 魅力型领导者通常不像事务型领导者那样不擅长预测，他们善于创造一种变革的氛围，热衷于提出新奇的、富有洞察力的想法，并且还能用这样的想法去刺激、激励和推动其他人勤奋工作。魅力型的领导者具有对现实的洞察力，他们实事求是地评估组织内的各种环境资源和条件限制，并基于对环境资源的现实评估来制定变革策略和非常规行动。领导者不是一旦形成某种目标就马上付诸行动，而是先进行基础准备工作，或者等待一个合适的时间、地点以及可利用的资源。当环境对他们比较有利时，他们才会实施其变革方案。

五、案例思考题

1. 魅力型领导者具有哪些领导特质？
2. 你还能列举出哪些其他魅力型领导者的例子？

案例五

强硬 or 软弱：柳传志的领导观

一、案例导读

柳传志作为联想控股股份有限公司董事长、联想集团的创始人，多年来致力于高科技产业化的探索和实践，不断引领企业开展自主创新，走出了一条具有中国特色的高科技产业化道路，使联想集团的技术实力和市场份额都跻身世界同行的前列。他还积极推动中国高科技产业的发展，通过和中国科学院一起创办“联想之星”项目，以及在投资业务中复制和输出联想的经验，促进科技成果转化和科技企业管理人才的培养，帮助更多中国的科技企业实现更大的发展。做一位中和型领导者是柳传志管理和领导联想集团的重要因素。

二、案例正文

柳传志，1944 年 4 月 29 日出生于江苏镇江，1966 年毕业于西北电讯工程学院(现西安电子科技大学)。1984 年 11 月 1 日柳传志带领 11 个人以 20 万元起家创办了联想公司。20 年后的 2004 年，联想以 6.5 亿美元现金、6 亿美元的公司股票，收购了 IBM 全球个人计算机业务，成为年产值超 400 亿元的国际化公司。2011 年 11 月 2 日联想集团宣布柳传志卸任董事会主席，担任联想集团名誉董事长。柳传志在国内记者的笔下被描述成“中国信息产业的教父”，在美国《时代》杂志“全球 25 位最有影响力的商界领袖”排名中，名列第 14 位。柳传志有柔弱的一面，但也有强硬的一面。

适应并采取现实的策略顺应现实的环境

适应现实的环境并采取实用主义的态度是柳传志的显著特征。他清楚在什么样的情境下应当采取什么样的策略和方法，他不会轻易地让自己陷入危险的境地，同时他也不会轻易地放弃冒险的机会。在这一点上，他的表现既像是一个防御型的领导，应“低头”处则“低头”，同时又像是一个进攻型领导，在处理危机问题上，该“出手”时则“出手”。

在适应环境方面，柳传志具有很强的实用主义倾向。他喜欢说的话是：“你得知道自个儿是谁”“既要做成事，又要保护好自己”。他以此来告诫自己和自己的下属，要认识和适应现实的环境。这方面他很像一个防御型的领导而不是一个中和型的领导，并表现出防御领导“妥协”的一面。

关键时刻绝不手软

柳传志用冷酷的同理心管理员工，既重感情，又重现实，既尊重员工个人，又重视他们的工作。公司的制度规则他努力维护，不管是谁，他规定班子子女不得进入公司，防止产生派系。他将不合格的人果断请出去。柳传志有温柔的一面，也有强硬的一面。在对待大是大非问题上，在处理“你死我活”的矛盾时，他更像是一个进攻型的领导而不是一个中和型的领导，并表现出进攻型领导“固执”“强硬”的一面。我们也可以从他处理“孙宏斌问题”上的一系列做法感受到这一点，在整个过程中，他表现出了果断、强硬的一面，丝毫不手软。在柳传志的心中，维护联想的统一、维护自己的权威是最重要的，任何来自这方面的挑战都是不能允许的，必须予以坚决的反击。柳传志的心里，妥协和退让是有条件的，大的方向和原则是不允许改变和受到挑战的，是需要采取强硬的手段来进行捍卫的。在这一点上他很像进攻型领导，因为防御型领导做不到这些。

三、案例分析

从柳传志的身上可以看到，一个表现优秀的领导者，或者说一个中和型的领导者主要表现在以下三个方面：一是能够站得高，看得远，能够为他人指明前进的方向，提出正确的目标和思路；二是能够挖掘和发挥他人的潜力，满足他人的愿望，让他人得到好处，充分调动大家的积极性，让大家心甘情愿地跟你走、跟你干；三是能够适应现实的需要，一方面坚持自己的最高原则，另一方面采取灵活的方法，以保证组织目标的实现。

(1) 中和型领导的风格介于进攻与防御型领导之间，在他们身上既有进攻的一面，也有防御的一面；进攻中有防御，防御中有进攻。在案例中适应新环境方面，柳传志并没有什么英雄式的举动，而是表现出了一种非常实际，有时甚至是顺应退让的态势，这非常像是一个防御型领导的表现。这充分表现了柳传志非常强的适应能力和应对危机的能力，在需要妥协的时候能够很灵活地做出妥协和让步。这一点是进攻型领导做不到的。

(2) 柳传志身上有多种领导风格的集合。他规定班子子女不得进入公司，防止产生派系，在大是大非面前将不合格的人果断请出去，从中可以看出来他一定的专制和权威风格；同时对于下属做错事情，他也会承担责任，帮助和教育下属，共同解决问题，体现出了教练型领导风格。用冷酷的同理心管理员工，既重感情，又重现实，既尊重员工个人，又尊重他们的工作。

(3) 柳传志敢于展示自身的独特之处。在案例中柳传志表现出一个特质，即将规则和制度明确化，话上台面、奖惩也上台面，培养正气，抑制派系，减少内部纷争，有效地运用自己的个性特质保持了一个良好的社交距离。

四、案例拓展

中和型领导介于进攻型和防御型领导之间，他们身上既拥有进攻型领导的风格，又拥有防御型领导的风格，但并不是两种风格的简单中和，而是融合形成了新的风格，有极大的包容性和中和性。

(1) 中和型领导对未来的发展有非常清醒的认识，能够很好地把握未来的发展方向，特别是对他人的愿望和动机有敏锐的感觉。他们从激励和引导他人愿望与动机的角度出发，站在更高的角度上来确立大家共同的价值和目标。同时他们也有很强的自信心，坚持自己的价值追求，而且轻易不会放弃自己的努力和追求，在他们身上具有进攻型领导坚定性的一面。

(2) 中和型领导对现实环境有清醒的认识，能够顺应现实，调整自我，绝不做盲目的投入和牺牲。他们不仅清楚在现实的条件下自己能够做什么，而且也知道自己不能做什么。他们知道什么时候应该进，什么时候应该止。在可为的情况下，果断进取，决不退缩；在不可为的情况下，委曲求全，等待时机，表现了很强的实用主义倾向。他们身上有防御型领导现实性的一面。

(3) 领导风格没有绝对的好坏，根据下属素质和外部环境、内部矛盾的不断变化，成功的领导者不会拘泥于某一种单一的领导风格，而是灵活转换各种风格，如果只是单一执行一种领导风格反而会滋生一些问题。作为一个领导者需要挖掘并保持自己独特真实的个性，这样才会更有感召力，让下属觉得自己可信。

五、案例思考题

1. 什么是中和型领导？
2. 进攻型领导、防御型领导和中和型领导三者的优缺点分别是什么？

案例六

曾国藩的"拙诚"领导力

一、案例导读

曾国藩，晚清名臣，中国近代政治家、战略家、理学家、文学家，湘军的创立者和统帅。毛泽东曾说："愚于近人，独服曾文正。"蒋介石曾说："阅曾文正全集一书，实不愧为当世之名将，足为吾人之师资。"在虚浮、圆滑、取巧、推诿成为社会普遍心态的清朝晚期，曾国藩大胆地提出"天道忌巧"的命题。他高呼"去伪而崇拙"，这个"拙诚"的功夫是曾国藩领导力的核心，也是他一生得力之处。

二、案例正文

一说起曾国藩，无人不知。曾国藩勤俭廉劳，修身律己，所以后人对曾国藩评价很高，有人誉其为千古第一完人。民间一直流传：从商要学胡雪岩，做官要学曾国藩，做人要学杜月笙。可见曾国藩对后世影响之深。

咸丰二年(1852 年)，太平天国运动席卷大半个中国，清政府从全国各地调集大量八旗、绿营兵来围剿太平军，可是八旗、绿营不堪一击。于是，曾国藩奉命筹办团练，组建湘军，经过多年鏖战终于打败太平军。因力挽狂澜，功勋卓著，曾国藩与李鸿章、左宗棠、张之洞并称为"晚清中兴四大名臣"。后曾国藩官至两江总督、直隶总督、武英殿大学士，封一等毅勇侯，谥号"文正"，后世称之"曾文正"。

一代伟人毛主席对曾国藩评价甚高："愚于近人，独服曾文正，观其收拾洪杨一役，完满无缺。使以今日易其位，其能如彼之完满乎？"八旗、绿营作为正规军，尚打不过太平军，曾国藩组建的湘军，不过是临时拼凑起来的地方武装，为什么能够取得胜利呢？因为曾国藩制定了 4 条战略，并坚定不移执行。这 4 条，看似拙笨，实则蕴含着大智慧。

1. 用士人

组建湘军之初，曾国藩就对八旗和绿营兵失败的原因进行了分析。八旗和绿营实行世兵制，兵与将不相习，而且将佐贪生怕死，畏敌怯战。他说："数年来痛恨军营习气，武弁自守备以上无一人不丧尽天良。故决计不用营兵，不用镇将。"曾国藩认为："行军之道，择将为先。"他的选将标准是德才兼备，智勇双全，而且把德放在首位。什么是德？曾国藩认为首推“忠义血性”。“忠义血性”是曾国藩选人用人的一条重要原则。只有忠义血性之人，才不惧困难，也不会背叛主人。曾国藩认为，儒生士子不乏“忠义血性”之人，因为他们既受忠君爱国礼教熏陶，又没有沾染官场恶习，是择将的最佳人选。文人掌兵是湘军一大特色，如李鸿章、左宗棠、彭玉麟、罗泽南、王鑫、赵烈文等。据统计，湘军将领100多人，文人占58%，比例之高，世所罕见。

2. 选乡民

曾国藩对八旗和绿营官兵的浮华之气深恶痛绝，“无事则坐领工食，有事则闻风溃散；一有征战，见贼则退，扰民则勇往”。所以他招募的人以“年轻力壮、朴实而有农夫土气者为上。其油头滑面，有市井气者，有衙门气者，概不收用”。曾国藩还规定，“招募兵勇，须取具保结，造具府县、里居、父母、兄弟、妻子名姓、箕斗清册。各结附册，以便清查。凡无保者，概不招募”。曾国藩的这一做法，有效防止了八旗绿营风气污染湘军。曾国藩为什么喜欢用乡民？因为乡村多朴拙之夫，没有城市之民的游惰浮滑之习，大都能吃苦耐劳，遵守纪律，不会虚头巴脑，惹是生非。更为关键的是，乡僻之地民风彪悍，作战中不会临阵溃逃，这是湘军战斗力的可靠保障。

3. 结硬寨

曾国藩说：“凡打仗，一鼓再鼓，而人不动者，则气必衰减；凡攻垒，一扑再扑，而人不动者，则气必衰减。”所以，曾国藩制定了湘军作战的“结硬寨”战略方针。有了“硬寨”，进可攻、退可守，自己则立于不败之地。什么是“结硬寨”？曾国藩规定，作战之前，首先要勘察地形，选好营地，然后迅速挖壕沟、扎花篱。“筑墙须八尺高，三尺厚；壕沟须八尺宽，六尺深；墙内有内壕一道，墙外有外壕二道或三道；壕内须密钉竹签”。“结硬寨”是持久战的战略思想。这样的寨子一旦结成，在冷兵器＋火枪时代，既可以防止敌方偷袭，在敌人冲锋时也可以大大减少己方伤亡。打仗死亡率降低，士气就会高涨。而敌方因为被围困，无法得到补给，是无法打赢持久战的。

4. 打呆仗

曾国藩是个文人，不善奇谋诡计，所以他用的都是“正兵”。他的作战方略是，首先保证自己不输，然后每次进步一点点，积小胜为大胜，直至完胜敌人。这种呆板的战法，效果虽然慢一点，但是保证自己立于不败之地。曾国藩经常给手下将领写信，阐述自己的作战思想，告诫大家不可骄慢轻敌，贪功冒进，以免中了敌人的圈套。一次，他给九弟曾国荃修书说：“打仗不慌不忙，先求稳当，次求变化；办事无声无息，既要精到，又要简捷。”也就是这个方法，培养了湘军独特的作战风格。那就是老老实实、一步一个脚印蚕食敌人的力量，从不投机取巧，也不急功近利。在这个思想指导下，湘军虽然战法呆板，但是战力强悍，让太平军束手无策，最终曾国藩笑到了最后。

三、案例分析

曾国藩在领军过程中，用士人、选乡民、结硬寨、打呆仗，用中国传统思想和“拙诚”的领导风格管理下属，体现了中国式领导的领导风格和魅力。

(1) 曾国藩挑选兵将时“用士人”“选乡民”，这一举动虽略显随意，但忠义血性的士人在如今来看即是价值观相同之人，乡民更吃苦耐劳、踏实肯干。为将者，团队之中高管，价值观比能力更重要。有忠义，就不会背叛团队；有血性，则具有执行力。乡民更像是一张好画画的白纸，曾国藩的用人之道很有借鉴意义。

(2) 曾国藩具备“立德、立功、立言”三不朽的品质。伟大的领导力，一定要以清晰的理念为核心，以坚定的践行为关键，一定是大中至正、可昭日月的，曾国藩就是如此。曾国藩的领导力中并非完全没有权谋的因素，但其核心不是权谋，而是理念。曾国藩身上表现出的品质和实践恰恰代表了典型的中国式领导。

(3) 曾国藩拥有聚焦目标、心无旁骛、死磕到底的执着。“打呆仗”这样的“拙式”领导力不是“笨”，而是最宝贵的执行力。“结硬寨”则说明曾国藩做事讲究稳重。俗话说，根基不牢，地动山摇。做任何事都要站稳脚跟、夯实基础、稳扎稳打、步步为营。如果没有扎实的基础管理，没有健康的组织文化，很难赢得胜利。

四、案例拓展

中国式领导力是在中国文化土壤里生长出来的、能够引领中国人的、适应中国组织发展的领导力。在中国，一定是要适应中国式的语境、文化，才能更好地沟通，形成中国领导力的特点。

(1) 西方领导力发展重在修行，将领导力模型化标准化，只要改变行为就能够获得领导力的提升。东方领导力发展重在修心，重视修身立本。中国式领导力的本源，是中国传统文化的活水所在。不论是懂得谦恕，还是持之以恒的勤勉，抑或是刚强坚毅，均源于中国文化的品德修养。中国传统文化之于领导力而言，其重心在于“修己安人”“内圣外王”。

（2）作为一个成熟的中国式领导者，最大的特点往往是稳重得体，给人可以倚重、依赖之感，从而增强信服力和领导力。我国道教文化认为领导者必须兼备“圣”“王”两种资格，强调内在品格的养成是领导力成长的前提，做人是领导之本，要先学做人，后学做事。有句话叫作“山屹立不动而一言不发，但是能真切感受到一言不发的能力，一种可靠、可驭、可控制的力量”。对于领导者而言，这种力量是确保领导力的根基所在。

（3）领导者具有宽阔的胸怀，一个很重要的因素是能博采众长，能容纳品德和才能高于自己的人，充分发挥他们的积极作用。作为领导者应具备敢于启用能人的精神，真正发挥人才的长处，做到人尽其才，才尽其用。

五、案例思考题

1. 中国式领导力与西方领导力有哪些异同？
2. 中国式领导力有哪些缺点？

第七章

时 间 管 理

案例一

与时间赛跑的"病人"医生

一、案例导读

他身患"渐冻"绝症，妻子被感染隔离，却瞒着全院医护人员，率领600多名白衣战士冲锋在前，与病魔抢时间。他就是武汉市最大的专科传染病医院——金银潭医院院长张定宇。2020年1月31日，张定宇被湖北省委授予"全省优秀共产党员"称号。

二、案例正文

必须跑得更快，才能从病毒手里抢回更多的病人

2020年1月29日，大年初五晚上10时。武汉市金银潭医院。"不要急不要急，在医院门口稍等，我马上安排人出来接。""快些，要抓紧，病人的事一刻都等不得，越快越好！"不到1小时内，一瘸一拐的张定宇连接了8个来电。在疫情中坚守的30多天里，他往往是凌晨2点刚躺下，4点就得爬起来，各种突发事件、电话，应接不暇。

自2019年12月29日转入首批7名新型冠状病毒感染的肺炎患者以来，武汉市金银潭医院在张定宇的带领下已在抗疫的烽火线上连续奋战了一个多月。这里是武汉市最大的专科传染病医院，目前收治的全部为确诊新冠肺炎的危重患者。浓眉，皮肤黝黑，风风火火，这是张定宇留给人的第一印象。"全院都晓得我脾气暴，嗓门大！"张定宇笑着说。金银潭医院有600多名医护人员，"雷厉风行"是身边同事对张定宇评价最多的词语。

"性子急，是因为生命留给我的时间不多了。"张定宇沉默了一会儿，"我是一个渐冻症患者，双腿已经开始萎缩，全身慢慢都会失去知觉。我必须跑得更快，才能跑赢时间，把重要的事情做完；我必须跑得更快，才能从病毒手里抢回更多的病人。"记者问可以歇歇吧，他却说："以后我会被固定在轮椅上，我现在为什么不多做一点？"张院长是带着笑意说出这些话的，但是听着却让人想哭。渐冻症是一种罕见的绝症，又称肌萎缩侧索硬化(ALS)。2017年，张定宇赴外地出差时，被专家发现腿有异样。2018年10月，他被确诊为渐冻症。

"如果你的生命开始倒计时，你就会拼了命去争分夺秒做一些事，不能因为

你是个病人就退缩。”张定宇说。

身为共产党员，非常时期必须坚决顶上去

2020年1月24日，除夕夜。晚8时许，张定宇接到武汉市卫健委的电话，解放军陆海空3支医疗队共450人，分别从上海、重庆、西安三地乘军机星夜驰援武汉医疗一线，于当晚11时左右抵达天河机场。其中，陆军军医大学150人医疗队将奔赴金银潭医院。

张定宇和团队大受鼓舞。他说，解放军来了，压力将减轻不少。晚10时许，张定宇又接到电话，上海医疗队136名医护人员也将进驻金银潭医院，凌晨2时抵达。安顿完医疗队住下，已是凌晨3点多。日历已悄然翻到1月25日，大年初一。

“腾空病区的两层楼面，搞好清洁消毒！”一大早，张定宇就开始为进驻医疗队调整空间布局。1月26日下午1时，陆军军医大学医疗队成建制接管该院2个病区，经过3个多小时准备，20名确诊感染新型冠状病毒的患者成功转入。下午2时，上海医疗队正式接手该院老病房，共2个病区约80张床位。截至晚11时，金银潭医院当天接收53名转诊患者，累计收治患者657人。火线48小时，张定宇兵不解甲、马不停蹄。

“身为共产党员、医务工作者，非常时期、危急时刻，必须不忘初心、勇担使命，坚决顶上去！”张定宇告诉记者，全院240多名党员，没有一个人迟疑、退缩，全部挺在急难险重一线。

和很多担心病人的家属一样，他也只是个普通的丈夫

就在张定宇日夜扑在一线，为数百名重症患者转诊开启生命通道时，同为医务人员的妻子，却因新型冠状病毒感染，在十几公里外的另一家医院里独自忍受着病痛，接受治疗和隔离。

提起与病毒争分夺秒的这些日子，眼前的这位硬汉，忽然湿了眼眶。“那天，我回去得很晚，跟妻子谈起院里病人的情况，说发病的时候会很喘。她说，我也觉得有些喘。”听到这话，张定宇还埋怨妻子乱开玩笑。张定宇的妻子在武汉第四医院工作，也在疫情防控一线。第二天，她悄悄去医院检查了淋巴细胞，很低。检测核酸，阳性。肺部CT显示，她已被新型冠状病毒感染，随后入院。分身乏术的张定宇，有时忙得一连三四天都顾不上去看她一眼。凌晨1点多的下班路上，想到妻子，张定宇的泪水止不住地往下淌。“我很内疚，作为医生，连自己的家人也无法保护。我更害怕，怕她身体扛不过去，怕失去她。我们结婚28年了，和很多担心病人的家属一样，我也只是个普通的丈夫。”

三、案例分析

(1) 集中精力完成最重要的任务。

美国著名管理学家科维提出过一个时间管理的理论:时间“四象限”法,把工作按照重要和紧急两个不同的程度进行了划分,基本上可以分为四个“象限”,即紧急又重要、重要但不紧急、紧急但不重要、不紧急也不重要。对于张定宇来说,疫情防控期间他一直在从事着紧急又重要的第一象限工作。分辨轻重缓急,只做最重要的事。在时间管理的四个象限中,要事第一、抓大放小是必须做的选择。很多年前,效率大师艾维利给濒临破产的美国伯利恒钢铁公司总裁开出的“药方”就是六点优先工作制。如果一个人每一天都能完成最重要的六件事情,几年的积累下来就能成为某一方面的专家和天才。

(2) 发现你的时间黑洞。

时间,它是世界上最公平,但也是最不公平的东西,它给每个人每天 24 小时,但不同人创造的价值却天差地别。为什么会这样呢?因为有的人是时间主人,而有的人是时间的奴隶,前者用 20%的时间完成了后者用 80%的时间才能完成的事情。同样是忙碌,前者是有意义的忙,而后者只是瞎忙。

(3) 勇敢踏出第一步。

人们总是想法很多而行动太少,总是有诸多的顾虑,总是认为时间还早,一切还没有准备好,从而犹豫不决。一些人当机立断,敢于跨出第一步,而另外一些人,优柔寡断,起床后才发现世界已经变了。即便是顶级的射手在扣动扳机前的那一刻也不敢百分百保证自己做足了准备。所谓挑战,就是在摸索中前进。别犹豫,先射击,制订计划后马上行动起来。只有在行动中才会知道偏差在哪,问题在哪里,继而重新调整计划,在前进中成长,而不是等到成长好了再前进,如果那样,恐怕你永远也踏不出一步。

(4) 挂钩目标。

时间管理不仅是一项技术活,更是艺术,对于紧急的事,具有“诱惑力”的事,甚至上司或同事的请求,要勇于说“不”。只做跟目标有关的事情,你需要做的就是找到你的“第一目标”。如果你不是忙着追寻自己的目标,那么你就是在为别人的目标而奔走。你制定的目标应该是“到年末省下 5 000 元”,而不是“省钱”;你制定的目标应该是确切的“10 周减 100 千克”,而不是“减肥”这样泛泛的目标。

四、案例拓展

“人类社会的一切节约，归根结底是时间的节约。”在新冠肺炎疫情的笼罩下，也许我们绝大部分人成不了张定宇，成不了在前线和时间赛跑、奋战的人。那对于普通人来说，又该如何在疫情中做好时间管理呢？

(1) 面对现实。虽然我们都知道时间很宝贵，但是我们并没有真正把它看成和金钱一样，因为在日常生活中，我们常常让别人“偷走”时间。我们应该面对现实，疫情已经摆在我们面前，我们大多数人也不得不待在家里，这是不可逆的。我们也不可能重新开启2020，这也只能当作和朋友聊天时的笑谈罢了。我们要面对现实，而不是每天唉声叹气。

(2) 调整心态。疫情刚开始，很多人像是开启了“堕落模式”，很多人归因于无事可做。然而事实上并不是无事可做，而是因为我们恐惧，我们害怕疫情阻碍着自己赚钱的规划，我们害怕待疫情结束后自己会被这个社会淘汰。因此除了面对现实外，我们还应该调整心态，要认识到我们现在所做的一切，都是为了让自己保值，甚至是增值，等待疫情结束。所以，我们应该让自己有保值乃至增值的心态。

(3) 拒绝拖延。在《逻辑思维》的节目中，老罗说：“就是你明知道这件事该干，但是你就是拖着不干，而拖着不干的同时，心中还有强烈的焦虑感和负罪感。你看啊，拖拉、焦虑、负罪，这三条凑齐，这就叫拖延症。”有人是因为完美主义怕做不好，有人是对做这件事没信心，有人是因为同时要处理多头跟进，有人就是不想做不愿意做，所以拖拉。拖拉、焦虑、负罪，就是拖延症的三宗罪。找到自己拖延的源头，打败它。

五、案例思考题

1. 结合实际，谈谈如何在疫情中进行时间管理。
2. 你觉得疫情期间的时间管理和平时的时间管理有何不同？

案例二

华为——与时间竞争

一、案例导读

深圳华为技术有限公司（简称“华为”）创立于1987年，是全球领先的ICT（信息通信技术）基础设施和智能终端提供商。华为从事通信网络技术与产品的研究、开发、生产与销售，专门为电信运营商提供光网络、固定网、移动网和增值业务领域的网络解决方案，是中国电信市场的主要供应商之一，并已成功进入全球电信市场。华为长期坚持国际市场战略，国际销售保持快速增长，已与众多国际主流运营商建立合作。

对“华为”来讲，对时间的管理和对其他的人、财、物的管理，都是一样重要的。“时间管理”是企业管理中的一个必要环节。时间表面上是没有成本的，但实际上企业在经营中无时无刻不在投入时间，其投资规模之大，成本之高是不亚于其他投资的。

二、案例正文

华为在其针对时间管理的专项培训中曾这样总结：大量的时间浪费来源于工作计划的缺乏。比如，没有考虑工作的可并行性，结果使并行的工作以串行的形式进行；没有考虑工作的后续性，结果工作做了一半，发现有外部因素限制只能搁置；没有考虑对工作方法的选择，结果长期用低效率高耗时的方法工作。华为对于时间管理有四大法宝。

法宝一：以SMART为导向的华为目标原则

华为的时间管理培训指出，目标原则不单单是有目标，而且是要让目标达到SMART标准，这里SMART标准是指：

具体性（specific）。这是指目标必须是清晰的，可产生行为导向的。比如，“我要成为一个优秀的华为人”不是一个具体的目标，但“我要获得今年的华为最佳员工奖”就算得上是一个具体的目标了。

可衡量性（measurable）。这是指目标必须用指标量化表达。比如上面这个“我要获得今年的华为最佳员工奖”的目标，它就对应着许多可量化的指标——出勤率、业务量等。

可行性(attainable)。这里“可行性”有两层意思:一是目标应该在能力范围内;二是目标应该有一定难度。一般人在这点上往往只注意前者,其实后者也相当重要。如果目标经常达不到,的确会让人沮丧,但同时也应注意:太容易达到的目标会让人失去激情。

相关性(relevant)。这里的“相关性”是指与现实生活相关,而不是简单的“白日梦”。

及时性(time-bound)。“及时性”比较容易理解,它是指目标必须确定完成的日期。在这一点上,“华为”的时间管理培训指出,不但要确定最终目标的完成时间,还要设立多个小时间段上的“时间里程碑”,以便进行工作进度的监控。

法宝二:关注第二象限的“华为”四象限原则

根据重要性和紧迫性,可以将所有的事件分成4类(即建立一个二维四象限的指标体系),见图7-1。

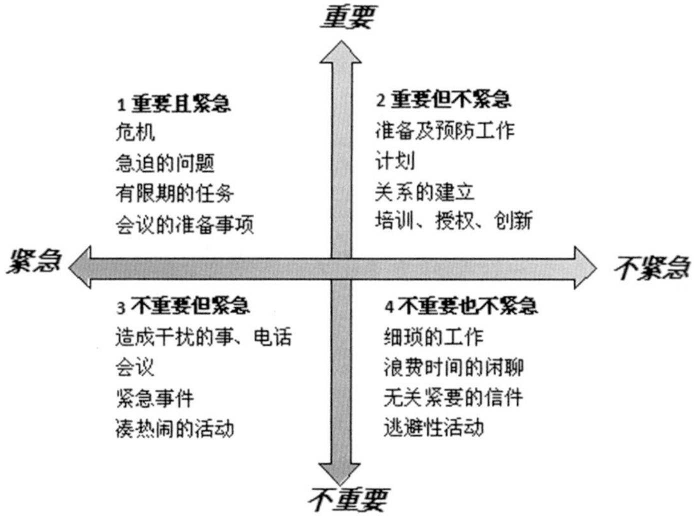

图7-1　四象限图

华为时间管理培训指出,第三象限的“收缩”和第四象限的“舍弃”是众所周知的时间管理方式,但在第一象限与第二象限的处理上,人们却往往采取不同的方式。很多人更关注第一象限的事件,这将会使人长期处于高压工作状态,经常忙于收拾残局和处理危机,这很容易使人精疲力竭,长此以往既不利于生活也不利于工作。所以,华为主张关注第二象限中的关键事件,不提倡在其他象限浪费太多的时间和精力,因此增强了员工的自信。

法宝三：遵循韵律原则

日本一项专业调查数据指出：人们一般每8分钟就会受到1次打扰，每小时大约7次，或者说每天五六十次。平均每次打扰大约是5分钟，总共每天大约4小时，也就是约50%的工作时间。其中80%（约3小时）的打扰是没有意义或者极少有价值的。同时，人们被打扰后重拾原来的思路平均需要3分钟，总共每天大约就是5小时。根据以上的统计数据可以发现，每天因打扰而产生的时间损失约为5.5小时，按8小时工作制算，这占了工作时间的68.75%。

华为也明显认识到这一点，华为提出了自己的时间管理法则——“韵律原则”，它包括两个方面的内容：一是保持自己的韵律，具体的方法包括，对于无意义的打扰电话要学会礼貌地挂断，要尽量采用打扰性不强的沟通方式（如e-mail）进行沟通，要适当地主动与上司沟通来减少来自上司的打扰等；二是要与别人的韵律相协调，具体的方法包括，不要唐突地拜访对方，了解对方的行为习惯等。

法宝四：执着于流程优化的精简原则

崔西定律指出：任何工作的困难度与其执行步骤的数目平方成正比：例如完成一件工作有3个执行步骤，则此工作的困难度是9，而完成另一工作有5个执行步骤，则此工作的困难度是25，所以，必须要简化工作流程。对于部门的工作流量，华为要求员工们做到“能省就省”，并编制出“分析工作流程的网络图”，每一次去掉一个多余的环节，就少了一个工作延误的可能，这也意味着节省了大量时间。

三、案例分析

舒尔茨在他的人力资本理论中明确指出，时间是人力资本的重要组成部分。华为为何能以惊人的速度成为中国通信行业的领头羊？是因为华为人意识到一个重要品质——华为人极为珍视时间，努力追求更好的时间管理规划和更高的作业效率，强调工作一步到位。

（1）帕累托原则的运用。

时间是没有弹性的，一天有24小时，折合8.64万秒，永远固定不变，并且它不会堆砌，用一秒是一秒，不可失而复得。时间是一种无形的资源，但是这种资源同空气、阳光一样，其本身并不是成果，而只有通过管理、应用才能将这些资源转化为成果。在有限的时间和资源下实现目标最大化，是高效管理者工作的重要原则。时间是实现目标的重要因素之一，华为通过员工的时间管理培训，传递企业时间管理四法宝，让员工从“无意识无能”到“有意识无能”再到“有意识有能”最后到“无意识有能”，切实运用时间管理，提高员工的工作效率。

(2)“坐标法”的运用。

著名管理学家科维提出了一个时间管理的理论，把工作按照重要和紧急两个不同的程度划分为四个象限。人们通常会把紧急的事情放在第一位，这不是管理时间的有效办法。在最初可能会重视事情的重要程度，做的是“重要且紧急”的事情，但应避免习惯于“紧急”状态，否则会不由自主地喜欢上“到处救火”的感觉，把自己当成“救火队员”，转而去做那些“紧急不重要”的事情了。华为实行了关注第二象限的“华为”四象限原则，不提倡在其他象限浪费太多的时间和精力。

(3) 二八原则的运用。

二八原则在所有领域基本通用。80%效果在20%时间里产出，说明大部分的时间都被自己浪费，而且很有可能是无意识中浪费掉的。基于此，华为推出遵循韵律原则的法宝，对于无意义事情的打扰要尽量避免，并且坚持流程优化的精简原则，简化工作流程，去掉多余环节，让时间运用得更加高效。

四、案例拓展

誉满全球的“现代管理学之父”彼得·德鲁克曾说：“时间是最高贵而有效的资源。”时间管理就是有效地运用时间，降低变动性。从华为案例中，我们可以得到如下启示：

(1) 把握工作关键。尽管不同岗位的员工工作任务不尽相同，但管理活动却保持一致，即掌握关键工作，掌握关键人物，掌握关键活动。出现重要而且紧急的事情时，高效管理者应首先进行处理，但要避免成为工作常规，应保证大部分时间花在重要而不紧急的事情上。专注于处理重要的事情说明抓住了影响整个部门乃至整个工作的全局，主要精力放在不紧急的事情上则意味着未雨绸缪，防患于未然。

(2) 时间、流程规划合理。工作计划应及时更新，排出优先次序，突出重点，并适当安排“不被打扰”的时间。高效管理者集中时间不受干扰地处理一些重大事项而把其他事情都推到一边，可能会给本部门甚至整个组织带来一些意想不到的麻烦，但如果能有足够必要的时间，不受任何人任何事干扰地思考或者从事对整个部门至关重要的工作，那么这些可能的麻烦将是微不足道的。此外，工作流程越简化，越不容易出问题，执行部门及人员在工作过程中会越加细致，执行效果越好。

五、案例思考题

1. 时间管理的误区有哪些？
2. 你怎么理解“放弃管理时间，才是最有效的时间管理”？

案例三

萨克逊的时间利用

一、案例导读

萨克逊是蒙特利尔加拿大自治领糖业公司的总经理。现在他是伦敦拥有35 000多名雇员的塔特莱尔总公司的总经理。他把时间称为“第三资源”，并相信每一个专业管理者都有自己的长处。

二、案例正文

时间——第三资源

萨克逊把时间称为“第三资源”。“时间与其他两种公认的资源——资本和劳动力不同，它是不能替换的。任何一个想干一番事业的企业家，都必须明了时间的极端重要性。”

“然而奇怪的是，”萨克逊继续说，“我们学会了管理一切资源，只有时间除外。这无疑是第一个障碍。另一个障碍是，我们倾向于做那些我们喜欢的事，而不是我们应该做的事。第三个与时间有关的问题是，别人不承认他们的行为对你的时间有影响，也就是说感觉迟钝，我想大家会注意到这一点。我在时间管理中遇到的第四个障碍是，管理人员普遍不善于利用旅行的时间。对多数管理人员来说，这是一段贫瘠的时间。只有少数人在旅行中进行必要的阅读、思考或写作。时间管理的最后一个障碍似乎是漫天而来、毫无价值的文件，这些文件正在吞没总经理的职位。需要一种切实可行的办法去拣选文件，并坚持简化文件来处理工作。”

同大多数有成效的总经理一样，萨克逊接受了专业管理的概念。“决定管理者效能的关键问题，”萨克逊解释说，“是他举止似‘管理者’还是似‘操作者’。如果是进行管理，他就会有意识地把相当多的时间和精力用于基本管理职能——计划、组织、激励和控制。”

正如萨克逊所了解的那样，管理者不能凭本能进行日常管理。管理者必须接受各种管理概念，并展开讨论以便深刻理解各项基本原则，还要系统地分析专业管理原则在特定条件下如何恰当地运用。例如，一些管理者采取“开门办公”的方式，鼓励下级“把问题交给自己”，他们几乎是专为下级进行决策的。萨克逊说："如果管理者冒险去考虑所有问题，那无疑是一条愚蠢的道路，试问如果决策错了由谁负责？"

萨克逊说："管理者必须有错误观，有权的企业领导不允许别人犯错误，结果就会发现，他的下属会因怕出错而越来越不愿意冒险。关键是要消除在这个问题上的误会。人们应该有犯错误的自由。当下属犯错误的时候，应该关心他们，帮助他们认识错误，讨论采取的各种步骤，避免今后再犯此类错误。这是一个学习的过程，而不是一个找毛病的机会。如果因为犯错误就收回所授予的权力，那就会在管理上出现信用差距，这将摧毁下属人员的信心和士气。"

有条理的工作者与愚蠢的爬行者

萨克逊相信每一个专业管理者都有自己的长处。"各种工作标准规定了忠实履行基本职责时存在的各项条件。如果各项结果和计划的预期目标相符合，即说明他们有效地管理了时间。我并不关心怎样去实现它们。然而，当各项结果不符合计划的预期目标时，管理时间中就存在着一系列的问题，这种情况经常出现。你可以在你的下属中迅速区别有条理的工作者和愚蠢的爬行者。前者轻松地满足最后时限，后者在完成工作时却总是感觉很困难。你必须给他们讲什么是时间，怎样利用时间和他们正在做的哪些事可以授权给别人去做。最后可以发现，大多数问题可以归结为无效授权。"

三、案例分析

(1) 决策层次原则。

此原则表明，为下属做决策的管理者，是在自己的层次以下工作，换个角度看，下属是在"借助他来完成工作"，实际上比他更善于管理。管理者应该借助下属来完成工作。遗憾的是，萨克逊同其他专业管理人员一样没有提出，当下属确实需要思考问题时，总经理对他们毫无帮助，倒不如总经理提出一些问题同下属一起探讨，帮助他们思考和得出自己的结论。

(2) 合理授权。

任何一位高效管理者都不可能独自完成本部门的所有工作，也不可能独自对所有的事情做出科学决策，因此将一些事情指派或授权给别人，让其他人对工作进行分担，是提高时间使用效率的有效方式之一。高效管理者的授权必须充分，同时必须重视监督和检验，保证被授权者的行为符合整体利益。在授权过程中，管理者应避免出现把别人当成自己提高效率多做事的资源或者障碍、干扰者的倾向，否则可能会出现控制他人的欲望，倾向于让被授权人按照要求做事，或者让"他们"不要妨碍"我们"做事，从而使授权行为毫无效益。

(3) 让员工实现自我管理。

企业管理不是让老板事必躬亲,而是要充分激发员工的内在动力,用最大化的效率与激情,使团队业绩做到极限。一个优秀的企业管理者,应当是一个优秀的"游戏规则制定者"。他只需制定好游戏规则,让别人去玩,而玩的结果正是他想要的。对于管理者自身而言,一个人在一个岗位上待久了,就容易思想僵化、自我封闭、不求进取,要想保持一颗永远上进的心,就需要管理者始终保持自我革新的意识和能力。

四、案例拓展

从此案例中,我们可以得到如下启示:

(1) 碎片整合。

即利用碎片化的时间思考,并用大块时间来执行。在现代职场,总的趋势就是工作时间越来越被碎片化,真正的问题是人有没有办法利用碎片化时间完成系统的工作或者说在碎片化时间工作模式下,能否依然保持连续和整体化的思考,同时又不丧失对时代的快速反应能力。这就是现代人必须建立的一种时间管理能力:利用碎片化时间完成大块的工作。认真思考自己认为需要大块时间完成的工作,看看能否分解成利用碎片化时间完成的工作。当碎片化时间找不到合理的用途的时候,它的最大可能就是浪费在无意义的事情上。

(2) 严格限定时间。

管理者必须要克服"办事拖延"的陋习,推行"限时办事制"。办事拖延是浪费时间的重要原因之一。实际工作中,工作任务的完成时间往往都会超出预期。因此,严格规定每一件事情的完成期限,并要求被授权者在限定时间内报告处理结果,授权效果会更为有效。

五、案例思考题

1. 萨克逊管理经验,总结起来主要有哪些方面?
2. 从时间管理的角度来看,此案例给了我们哪些启示?

案例四

万达的开会绝招

一、案例导读

彼得·德鲁克认为，世界上只有两类会议——如果没有办法做到富有成效，那么开会纯粹就是浪费时间。万达作为商业帝国，商业版图遍布全球，巍然屹立。其中万达的执行力和开会非常有名，号称“万达开会，没人敢睡”。

二、案例正文

素有“地产圈黄埔军校”之称的万达，用了近30年时间从一个大连的地方小房企跃升至跨国企业集团，除了抓住各种机遇和具备战略眼光，最重要的是其拥有强大的执行力。军人出身的王健林，让整个万达都有一种军队的气质。企业中的军队气质究竟是一种怎样的神秘存在？《万达工作法》里记载了万达开会的7个绝招。

从不打印的工作报告

在每年的万达年会上，王健林都会作一个精彩的大会发言，精彩是因为：① 他的工作报告都是亲自手写，从不用“枪手”；② 他的工作报告只有他自己知道，从来不在会前印刷；③ 他的报告既有宏观分析，也有客观业绩，还有微观褒贬，更有未来走势。一个半小时的报告，酣畅淋漓，听者大有收获。参会人员必须用笔认真记，因为下午的分组讨论必须真刀实枪地讲。

精细的会务手册

如果你有幸得到一本万达大中型会议的会务手册，即便你之前从未组织过会议，学习之后你也能组织大部分会议了。细节，是万达开会最关键的。除了参会必要的流程、参会人员、参会的主题、会议每一个议程的时间……甚至参会人员每人每天每场在哪张桌子开会，需要穿什么服装，在哪个餐厅、哪个位置就餐，参会当天的天气如何等都有详细的说明和介绍。

万达年会的胸卡就是一个浓缩的会务流程，一个小卡片就是一个为你私人定制的数据库。胸卡的正面是照片、姓名、部门、职务等信息。背面，是两天会议的全部流程：第一天，晚宴地点、具体时间、每人就餐的桌号；第二天，开大会的时间、地点、每人的座位号，分论坛的场次、时间、地点、每人的座位号。看完这一张卡，这两天该怎么做一目了然。

万达开会无人敢迟到

很多公司大大小小的会，慢悠悠来的人不在少数，既影响大家的情绪，又影响开会的效率。在万达，如果敢迟到，一定会很难堪！这不是指要罚多狠，指的是自己的心理体验很难堪。

曾经有个总经理级别的领导第一次开总裁会，当时通知的时间是 9 点，他“掐点”去的，一进会场，大家都用异样的眼神看他，看得他心里直发毛。会后，有同事好心提醒：下次早点来吧，就你敢“掐点”来。第二次开会，他提前 5 分钟来了，但是还是被大家每个人异样的目光“瞩目”了一番。他不解，后来才知道，在万达开会有个不成文的规定：大大小小的会，下一级一定会比上一级提前早到 5～10 分钟。这不仅是一种尊重，更是一种对待会议的态度。

准时开会，准时散会

在万达，开会基本上是会议手册定的几点就会几点结束，极少有拖延开会时间的时候。这里，万达做到了三点：① 会议通知时就明确会议开始及结束的时间；② 合理安排切实可行的会议议程，明确每件事项的讨论时间；③ 会议主持人必须有效调动与会人员的积极性和控制好会议时间。一个重要的事实是，在万达，只要王健林讲话，如果他说要讲 1 个小时，那基本上结束时间不会差 5 分钟。除了有制度约束、规范，高层以及所有人的时间观念和责任意识至关重要。

开会发言只捞干货

万达开会从来没有空话、废话。因此，在万达会场经常会有发言和汇报被打断，因为你跑题了，或者“这个根本用不着跟我汇报”。

万达开会也用 PPT，但都是极简风格，有规范模板，杜绝花里胡哨。一般开会不许超过 10 张，给董事长、总裁汇报基本不会超过 3 张。当然这 3 张都是筋骨，筋骨后基本上都有超链接，如果领导问细节，后面有更细的。

开会不许找替身

参会各方不能随便派人听听会、走过场。派来的人要能拍板，能定意见，参会不是代表个人，是要代表部门参会，不能涉及部门时说“不清楚”“不归我负责”“我回去汇报后才能确定”，不能答非所问。汇报不能找替身，如果副总裁听会，必须总经理汇报，如果总裁听会，必须副总裁汇报。这就保证了领导必须身体力行，必须全面了解，决不允许找个具体负责的人代替做汇报。

会后不落实等于会白开

万达的重要会议都有纪要，还有一套强大的会议督办系统。为了跟踪会议纪要中涉及的行动计划及重要工作，万达自己开发了一个任务追踪系统，目的是通过量化的指标来跟踪会议落实情况。

具体做法：每次会议，员工会看到在这个系统里显示着员工任务要完成的日期、目前完成的进度。项目负责人要汇报目前完成了哪些工作，还需要做哪些工作，下次开会预计进度是百分之多少，能否在预定时间完成整个项目目标等，记录员会将这些数据一一录入系统，下次开会一一核对复盘，并再次建立新的任务进度。另外，系统会在快接近任务节点时，自动提醒加快项目进程。

三、案例分析

(1) 知时：拥有时间的概念。

对于时间管理，一般人都会认为，擅长时间管理的人一定是有各种小窍门来节省各种零散的时间。然而事实上，时间是一种选择，做的每件事，花的每一分钟，都是自己的选择。在时间管理中，要主动地选择，而不是被动地等待。主动可以导致机遇，等待则只能处于无奈状态，不能将人生时间使用的可能性发挥到极致。从万达的开会绝招可以发现，万达员工从上至下都明确时间的重要性，并将此种文化传播开，这使得公司整体处于高效运作中。

(2) 惜时：爱惜自己的时间。

美国通用公司总部大楼里有一句令人深思的训言："我荒废的今日，正是昨天殒身之人祈求的明日。"明天再美好，也不如抓住眼下的今天多做点实事。给重要的事情留出必要的时间，是保证自己工作任务有序进行的前提条件，同时也是商业精英做事的优秀习惯之一。时间管理要决定该做些什么，什么事情不该做。在时间管理上，领导者最大的困扰是：有太多来自外界的干扰，会迫使自己随时放下手边的工作去做其他的事情。事后回想，发现想做的事未完成或未做好，未计划的事反而做了并占用了大部分时间，感到自己及团队的效率低下。因此，想给重要的事情留出时间，首先就应当分清楚什么是重要的。时间管理的重点不在于管理时间，而在于如何分配时间。

(3) 守时：尊重别人的时间。

守时即守责，"责"是对自己和他人负责。守时的人定会对自己和他人负责，拥有责任意识、全局意识、整体意识、团队意识，契合资本运作时代劳动时间最小化原则，获得更多的幸运。守时即守心，"心"是一种人格和真心。守时，是一个人的日常信念，一种人格。想要降低"时间成本"就要做好"时间管理"，把守时养成习惯。

(4) 用时:成为时间的主人。

在时间管理中,要有很高的时间利用率,而且要让时间利用的结果是可见的、是优质的、是与奋斗目标相一致的,而不是产生南辕北辙的结果。对于管理者而言,信息流的问题,用信息化的手段来处理,效果可能会更直接,更彻底。在一个企业里,有80%以上的事情是需要2人或多人共同协作才能完成的,由于员工各自在计划自己的时间,没有做到充分的沟通,使内部的信息透明度不高。万达有专门的工作安排和时间安排模块,可以通过这个模块方便地安排自己的工作和时间,也可以随时查看自己已有的工作和时间安排,成为时间的主人。

四、案例拓展

时间对每个人都是很珍贵的资源,只有学会管理时间,我们才能更好地管理我们的人生,下面探讨一下GTD时间管理。

GTD英文全拼就是get thing done,中文的意思就是把事情做完。GTD时间管理是由美国作家戴维·艾伦在《搞定》一书中提出的,GTD时间管理用一句来说就是把你要做的事情记录下来,整理好、安排时间去执行。GTD时间管理的5个核心原则就是:收集、整理、组织、回顾、执行。

(1) 收集。收集就是把要做的任务、想法、项目记录在随时可以看到的地方,在纸上记录或者用其他设备记录工作时,利用四象限分析法,根据工作的重要性和事情的紧急程度进行排序。

(2) 整理。事情收集好了,接下来就是需要整理了,整理就是把收集的信息整理分类。整理必须遵循一定的原则:① 按照顺序处理事情。② 一次只做一件事。③ 永远不要把事务放回收集箱。

(3) 组织。组织是GTD时间管理中最核心的一环。组织就是建立清单,将收集箱的事务分门别类。下一步的组织一般可分为:等待处理任务清单、将来处理任务清单、下一步行动清单、日程表。等待处理任务清单主要是记录那些可以委派他人去做的工作;将来处理任务清单就是记录那些延迟处理且没有具体完成日期的未来计划等;下一步行动清单就是下一步要做的工作;日程表即记录某一时间段要具体完成的工作。

(4) 回顾。如果建立了清单,但没有及时地回顾和更新,那清单就成了摆设,只有定期回顾,才能让清单转化为行动。回顾就是更新和完善自己清单的过程。

(5) 执行。执行就是按照计划,完成具体任务的过程。执行的过程中要保持专注力,集中精力做好一件事情,可以利用四象限分析法和番茄工作法,提高工作的效率。

五、案例思考题

1. 从万达的开会绝招中你学到了什么?
2. 总结本案例,你认为时间管理要从哪几个方面展开?

案例五

摆脱背上的"猴子"

一、案例导读

为什么经理们忙得不可开交，而下属却无所事事？本案例探究经理们与上司、下属之间的互动关系。具体地说，我们将讨论三种被管理的时间：

受上司支配的时间，用于完成上司下达的工作任务。对于这些工作，经理们不能掉以轻心，否则会立即受到直接处罚。

受组织支配的时间，用于满足同级人员提出的积极支持的要求，若置若罔闻，也会招致惩罚，尽管惩罚并不总是直接的或迅速的。

由个人支配的时间，用于完成经理们自己想出的或者同意去做的事情，然而，其中一部分时间会被下属占用，称为受下属支配的时间。剩余时间属于经理自己，称为自由支配的时间。由个人自由支配的时间不会导致受罚，因为上司或组织压根不知道经理们最初的打算做些什么，所以就无法对没有完成什么予以惩罚。

二、案例正文

为了满足各方要求，经理们需要控制好工作的时间安排和内容。既然完不成上司和组织交代的任务就要受罚，经理们绝不能忽视这两方面的要求。因此由个人支配的时间就成为他们主要考虑的方面，经理们应该努力通过最大限度地减少或消除受下属支配的时间，增加由个人支配的时间中的自由支配时间，然后利用所增加的时间更好地处理上司和组织布置的任务。然而，大多数经理没有意识到，他们把过多的时间花在解决下属的问题上。因此，我们将利用背上的猴子这个比喻来分析受下属支配的时间是如何产生的，以及上司应当如何应对。

猴子在谁的背上？

让我们想象一下：一位经理正走在大厅里，这时注意到下属琼斯迎面走来。当两人相遇时，琼斯向经理问好："早上好。顺便说一下，我们遇到了一个问题。你知道……"当琼斯继续往下说时，经理发现此次的问题与他的下属向他提出的所有问题一样具有两个特点：其一，他知道需要参与解决问题；其二，他对情况还不够了解，无法如下属所愿当场拍板。最后，这位经理不得不说："很高兴你能提出这个问题。我现在很忙。让我考虑一下，我会给你答复的。”随后，两人分开了。

谁在为谁工作？

让我们来假设，下属们非常体贴他们的上司，为了不占用上司的宝贵时间，每个人都竭力不让3个以上的猴子在一天之内跳到经理的背上。在5个工作日的一周中，这位经理将要背上60只尖叫的猴子，数量太多，根本无法一个个地应付。因此，他把受下属支配的时间用于焦头烂额地处理那些“首要事务”。

星期五下午晚些时候，经理把自己关在办公室里以免受他人打扰，从而可以仔细考虑一下处境，而他的下属们正在门外等候，要抓住周末前最后的机会提醒他必须“快做抉择”。想象一下他们在等待时会怎样谈论经理：“总是卡在他这儿！他就是拿不定主意。一个无法做出决断的人竟能在公司里占据高位，真是想不通！”

最糟糕的是，该经理无法采取任何“下一步行动”，因为他把时间几乎都用在满足自己的上司和公司要求做的事情上。为了应付这些任务，他需要自由支配的时间，但是当他满脑子想的都是下属的事情时，他根本没有自由支配的时间。这位经理陷入了一种恶性循环。然而，时间在白白流逝。经理通过内线给秘书打电话，让她通知他的各位下属：他只能下星期一上午见他们。晚上7点，他开车回家，打定主意第二天回办公室加班，在周末把一切处理完毕。第二天，他精神焕发地早早来到办公室，结果却透过办公室玻璃窗看到最靠近的高尔夫球场草坪上有几个人在进行双打比赛。猜猜他们是谁？

摆脱背上的猴子

星期一上午，经理故意姗姗来迟，以便4位下属已经聚集在他的办公室外，等待他来讨论他们的猴子。他把他们一一叫进办公室，每次拿出一只猴子，摆在两人之间的桌面上，共同为下属确定下一步的行动。对于处理某些猴子来说，的确要费一番周折才行。如果无法确定下一步行动，经理就权且让猴子在下属的背上过夜，让他或她在第二天上午在约定的时间带着猴子回来，继续与下属共同探讨下一步行动。

每位下属起身离开时，经理欣慰地看到一只猴子趴在下属的背上离开了办公室。在随后的24小时里，不是下属等候经理，而是经理等待下属。

三、案例分析

(1) 猴子在谁的背上。

让我们分析一下刚才发生的一切。两人碰面前，猴子在谁的背上？在下属的背上。两人分手后，猴子又在谁的背上？在经理的背上。当猴子从下属背上跳到上司的背上时，受下属支配的时间就开始了，一直到该经理把猴子归还给真正的主人喂养为止。在接受猴子的时候，经理自愿地变成自己下属的下属。也就是说，他允许琼斯把他变成她的下属，去完成一个下属通常要为上司做的事——经理从自己的下属那里接过了责任，并向下属承诺报告工作进展。猴子最初横跨在两个人的背上。它只需移动一下那只跨错的腿——“唰！”——下属就一下子消失了，留下经理照管这只猴子。当然，你可以训练猴子不要挪动那条腿，但更简单的办法是，从一开始就阻止它横跨在两个人的背上。

(2) 谁在为谁工作。

经理终于知道了究竟谁在为谁工作。此外，他现在还意识到，如果他按计划在周末完成要做的工作，他的下属就会士气大增，每个人将会放宽对猴子数量的限制，让更多的猴子跳到他背上。总之，如同登上山顶后眼前豁然开朗，他猛然醒悟过来：他越是往前赶，就越会落在后面。

周日晚上，他酣睡了 10 个小时，因为他已经为星期一制订了一个明晰的计划。他打算摒弃受下属支配的时间。这样，他将拥有与他们同样多的自由支配的时间，其中一部分时间他将花在下属身上，确保他们学会这门被称为“猴子的喂养”的难学但有益的管理艺术。

这位经理还会剩有大量自由支配时间，不仅可以更好地管理受上司支配的时间，也可以更好地管理受组织支配的时间，从而有效控制这两方面的时间安排和工作内容。这也许需要几个月时间，但与过去相比，回报却是很丰厚的。该经理的最终目标是管理好自己的时间。

(3) 把主动性还给下属。

通过背上的猴子这个比喻，我们力求说明的是，经理们可以把行动的主动权还给下属，并使下属始终保持这种主动性。我们可以发现一个真理：在发掘下属的主动性之前，经理必须保证下属具有主动性。一旦经理把这种主动权还回去，他自己就不再拥有，他就能减少受下属支配的时间，增加自己的自由支配时间。

员工在与公司关系中有 5 个级别的主动性：① 等着被叫去做(主动性的最低级)；② 问应该做什么；③ 提出建议，然后采取最终行动；④ 采取行动，但马上提出建议；⑤ 自己行动，然后按程序汇报。对于管理下属来说，经理的工作具有两重性。第一，要禁止下属们选择第一和第二层次的主动性，这样可以迫使下属别无选择，必须学习和掌握“员工的全部职责”。第二，要确保当下属带着问题离开经理办公室时，双方除了商定下次见面的时间和地点外，还要对下属应采取的主动性层次达成一致。此外，经理应及时在日程表上标明见面时间和地点。

四、案例拓展

为了把背上的猴子与任务分派及控制流程之间的相似性讲得更清楚，我们参考一下经理的工作日程表。这种日程表要求遵循“喂养猴子”的5项严格的原则。

原则一：要么给猴子喂食，要么开枪打死它。否则猴子会饿死，而经理则要浪费宝贵时间为猴子进行尸检，或者试图使猴子死而复生。

原则二：应该把猴子数量控制在经理有时间喂食的极限之内。下属应尽量为经理提供足够多的猴子来喂食，但不能超过他或她的时间允许范围。给一只正常状态的猴子喂食不应超过15分钟。

原则三：只应在事先约定的情况下给猴子喂食，经理不应该四处捕捉饥饿的猴子，并不分青红皂白地抓到一只喂一只。

原则四：应面对面或通过电话给猴子喂食，但永远不要通过邮件来进行（记住：如果通过邮件喂食，采取下一步行动的人就是经理了）。当然，喂食过程可以包括文件记录，但不能取代喂食本身。

原则五：必须为每只猴子确定下一次喂食的时间和主动性层次。只要双方同意，这些约定在任何时候都可以修改，但永远不能变成模糊或不确定的东西。否则，猴子不是饿死，就是最终落在经理的背上。

“对工作时间安排和工作内容加以控制”是关于时间管理的一条有益建议。第一步是，经理可以通过消除受下属支配的时间扩大自由支配的时间。其次，经理应该把增加的自由支配时间的一部分用来确保下属具有主动性，并加以发挥。第三步是，经理把另外一部分增加的时间用于处理上司和组织分派的任务。所有这些步骤都将增加经理控制时间的能力，使他们在管理时间上花费的每一个小时都能无限增值。

五、案例思考题

1. 回想一下你的生活中3种时间的分配方式。

2. 你怎么看待“猴子的喂养”？

案例六

比尔·盖茨的时间管理秘籍

一、案例导读

管理学大师彼得·德鲁克说过:“时间是世界上最短缺的资源,除非善加管理,否则人们将一事无成。”每个上班族都需要时间来处理公事,也需要时间在繁忙工作与休闲生活之间取得平衡。但实际上多数人对时间管理的概念均十分模糊。

其实,时间管理是需要学习的,正如同你过去曾努力学习专业技能与科目一般。时间管理也是需要练习的,在清楚相关原则及技巧之后,必须身体力行、加以实践,才能为自己抢得宝贵的时间。

二、案例正文

比尔·盖茨曾说:管理时间就是管理生命。在就读湖滨中学时,他获得了一个撰写电脑程序的机会,便与朋友保罗一起接下了这个项目。两人整日埋首工作,几近废寝忘食,有时甚至一天工作超过 20 个小时。埋首苦干 8 个礼拜后,比尔·盖茨终于走出了电脑室,顺利完成任务。

比尔·盖茨热爱电脑,他尚未从哈佛大学毕业前,就迫不及待地在车库里创业。创立微软公司的那一年,他还未满 20 岁。比尔·盖茨认为工作是一场竞赛,喜欢在紧要关头全力以赴的感觉,也深深享受伴随而来的快乐与成就感。他勇于追逐时间,结果打造出有史以来最强大的微软帝国。归结比尔·盖茨的时间管理,可以分为以下几个方面:

每一秒都不浪费,以 5 分钟为单位安排工作

据调查,比尔·盖茨非常懂得利用时间,每天工作之前会自己制定行程表。他的行程表很特殊,不是以小时为单位,而是以 5 分钟为单位去安排的。这样的划分就把一天 24 小时切割得很细,每个 5 分钟都是值得利用的时间段,让自己变得更加专注。工作中如果会议时间很短,或会见客人,或者做的工作少于 5 分钟,他将以秒为单位安排。如果安排的行程临时出现变化,他做的不是抱怨,而是经常拿出一本书来阅读。抓住碎片时间,才能真正让一天的时间最大化利用,这也是他成功的最大秘密。

明确自己的目标,留点时间集中做自己最喜欢的事情

比尔·盖茨曾开玩笑说:自己没时间思考经济学,来不及成为生物化学家,也无暇练就高尔夫球72杆的好成绩。虽然这些都是他想做的,但并非是他最喜欢的事情。天才比尔·盖茨深信,电脑是科技的未来,自己将是实现梦想的那个人。于是,他一生大部分时间都花在了电脑研究上。

给自己独处时间,每周总结,思考人生之路

比尔·盖茨虽然每天很忙,但是每半年都会留出一周时间,去"闭关修炼"。在思考周内,他会切断与外界的联系,总结自己前段时间的成功与失败,或者看看平时没机会看的书籍,重新思考自己的人生道路以及公司的发展规划。

三、案例分析

比尔·盖茨的成功可归因于四大要素:

(1) 设立明确目标。

时间管理的核心是以目标为导向,通过设定目标合理安排时间,提升时间管理质量,践行高效能慢生活。很多擅长时间管理的人还有一样法宝,就是有优秀的目标管理能力。不管是规划自己的人生目标,还是自己的年、月、日目标,他们都非常清晰,同时执行力强。尽管成功人士所处的领域不一样,但是他们都拥有极强的目标感,持续努力,最终成为想成为的那个人。比尔·盖茨知道电脑是明日科技的梦想,也深信自己就是实现那个梦想的人。他在心中订立明确工作目标,设定清楚的工作蓝图,详细规划工作进度,然后就义无反顾地努力逐梦。

(2) 集中焦点攻击。

焦点管理属于团队运作策略,团队的带头人要明确焦点在哪里,高度投入注意力研究焦点问题,并且通过领导技巧,把团队成员的注意力聚焦到目前工作中心上面来,不要因为琐碎的问题迷失了方向,也不要被外界非业务干扰分散注意力,要达到高效完成项目任务的目的。比尔·盖茨将自己的精力及时间全部投注在电脑科技的研发上,集中焦点猛烈攻击,所以能在短时间内缔造惊人的卓越成果。

(3) 简化工作内容。

二八原理告诉人们:在投入和产出、努力与收获、原因和结果之间,普遍存在着不平衡关系。少的投入,可以得到多的产出;小的努力,可以获得大的成绩;关键的少数,往往是决定整个组织的产出、盈利和成败的主要因素。80%的

成果在20%的时间里产出，说明大部分的时间都被自己浪费了，而且很有可能是无意识中浪费掉的。比尔·盖茨大幅简化工作内容，抓大事、放小事，抓正事、放杂事，抓要事、放闲事，使自己可以心无旁骛地专注于本业之上。工作的简化让他能专心思考，减少无谓的时间浪费，从而获得关键性的胜利。

(4) 切断干扰。

我们经常会被各种信息干扰，手机、网络上有大量的新闻推送，还有来自朋友或者各种群的信息。比尔·盖茨虽然每天很忙，但是每半年都会留出一周时间，去思考人生道路，断绝与外界的联系，总结成功与失败。我们也要学会适时切断干扰源，给自己一个固定的不被打扰的时间用于学习和工作。

四、案例拓展

管理者在工作中要善于抓主要矛盾，善于从纷繁复杂的工作中理出头绪，把资源用在最重要、最紧迫的事情上。主要可以从以下几个方面着手：

(1) 抓大事，放小事。

集中思考工作上的大事，对于微不足道的小事，无须过度烦心。高阶管理者必须为公司明确定位，掌握未来发展的重要方向，别为细枝末节而操心；基层员工应将时间用于可明显提升业绩的事务上，无关紧要的小事则尽量回避。

(2) 抓正事，放杂事。

要顺利完成一件工作，有其必要的程序及步骤，亦即完成该项任务的正事，而与完成该项任务无关的则称为杂事。一个有智慧的工作者应抓紧正事，将精力和时间集中投资于处理与该任务最相关的核心问题；至于与正事无关的杂事，可交由旁人处理，或是尽量避免，以简化工作内容。

(3) 抓要事，放闲事。

重要又紧急的事情应该在第一时间完成；没有时间压力的闲事，则利用工作空档，简单处理即可。要事与闲事的差别，在于对绩效的贡献度以及时间的紧迫程度。高绩效贡献度、高时间紧迫性的要事必须优先处理，低绩效贡献度、低时间紧迫性的闲事则可暂缓或避免去做。

五、案例思考题

1. 你如何理解“富人是先富起来再享乐，而穷人则是富起来之前或者刚开始富起来就开始享乐”，运用二八原理阐述。

2. 如何理解“管理时间就是管理生命”？

第八章

幸福管理

案例一

打响战“疫”浙江重拳出击

一、案例导读

新冠肺炎疫情在21世纪第三个10年的开端，打乱了每一个人的生活。如何重新拨动发展的齿轮，一手抓防疫、一手抓生产，是道考验社会治理能力的共性难题。2020年1月23日，浙江成为国内首个启动重大公共突发卫生事件一级响应的省份。这是一个信号的开启：浙江，准备好了。

发布“最严”十项联防联控措施、运用“一图一码一指数”大数据实施精准智控，出台财政、金融、市场监管等各一系列复工复产政策……一个月来，按照科学防治、精准施策的原则，浙江朝着“两手都要硬，两战都要赢”的目标，在探索中爬坡过坎，于创新中总结经验。战“疫”模范生——浙江用其敢于担当、冲锋在前的底气和严阵以待、直面问题的勇气，让每一位浙江人感受到了城市的温暖。

二、案例正文

破题“防疫难”：大数据“点穴式”管控

在2020年2月10日举行的浙江省新冠肺炎疫情防控工作新闻发布会上，浙江省卫生健康委副主任孙黎明首次将一张布有5种颜色的浙江地图公示于众。这是浙江首创的“五色图”。以累计确诊病例数、本地病例占比等为评估指标，浙江将各县(市、区)分为高风险、较高风险、中风险、较低风险、低风险地区，分别用红、橙、黄、蓝、绿5种颜色表示，形成疫情地图，并持续动态评估。“五色图”既用数据支撑科学评估，又用图像语言精准表达，为分区分级制定差异化防控策略提供了依据和指导。这仅是利用大数据进行“点穴式”管控的其中一招。在摸索疫情防控工作和复工复产相互促进的过程中，浙江逐步构建起“一图一码一指数”精密智控机制。

一图即上面提到的“五色图”；一码则指“健康码”，是以大数据为支撑的个人健康凭证，分绿码、黄码、红码三种，可在线上自行申报，方便出入通行动态管理；一指数指“管控指数和通畅指数”，是评价衡量防输入、防集聚和通畅物流、人流、商流的风向标。其中，“健康码”最早来自杭州市探索实践，目前已在浙江全省推行。截至 20 日，浙江共发放“健康码”超 3 300 万个，绿码率超过 96%。大数据助力防疫的同时为复工提供研判信息。浙江已建立起覆盖 90 个县(市、区)的复工复产监测体系，通过“企业复工率指数”和“复工率五色图”掌握各地复工复产情况。

“智网恢恢”，在“一图一码一指数”精密智控机制下，浙江守住关卡，为复产复工的顺利推进上了一道“安全阀”。

破题“用工难”：补助、包车“各显神通”

经济社会的正常运行，最关键之因素在于“人”。浙江省发展改革委主任表示，浙江是劳务用工大省，有近 2 000 万外来务工人员来浙工作，占浙江总用工人数的近 50%。

2 月 16 日，载有近 300 名贵州籍旅客的 G4138 次列车从贵阳北站开出抵达杭州东站。这是中国首趟服务企业外地员工返程的复工人员免费定制专列。

同一天，浙江杭州萧山机场，154 名四川籍员工跨越 1 700 多公里，飞回浙江嘉兴复工，费用由嘉善县政府和企业共同承担。

企业包车、包专列，通过“点对点”的方式化解用工难……在疫情阻断交通的当下，“平安归来”成为浙江对于外来务工者的一句许诺。仅以铁路为例，截至 21 日，铁路部门已经为浙江开行专列 24 趟，输送复工人员达 18 000 余人。

将人接回是开启复产复工的第一步。浙江多地出台贴心政策，鼓励外来务工者积极上岗。在绍兴，企业参加社保人数较上年同期每新增 1 人，按每人 500 元标准补助企业；在温州，老员工每招引 1 名首次来温新员工，参照人力资源服务机构的标准予以奖励，并给予新居民积分奖励。

复工之路，逐渐明朗开阔。启动重大公共突发卫生事件一级响应一个月以来，浙江精准施策稳定疫情、有序复工，让更多人对秩序恢复燃起了信心。

破题“人员难”：多措并举，精准帮扶

2 月 3 日，浙江省委组织部、省财政厅、省人社厅联合下发《进一步激励关爱基层党员干部和医务工作者在疫情防控一线担当作为的八项举措》的通知，要求综合采取政治激励、组织激励、工作激励、精神激励等多种形式，进一步激励基层党员干部和一线医务工作者敢于担当、冲锋在前，坚决打赢疫情防控阻击战。

组织动员机关企事业单位工作人员充实一线工作力量。有序组织机关企事业单位工作人员中敢战斗、善战斗、组织协调能力强、善于做群众工作的同志上一线，注重在一线培养、发现、使用表现优秀的人员。加大职称评聘、考核奖励倾斜力度。对参加一线防控工作表现突出的医务工作者，在职称评定上优先评定。

关心保障一线工作人员安全健康。要优先保障疫情防控工作一线需要，加强物资筹措和调配，关心一线工作人员的心理健康，有针对性地帮助减压释负。各级党组织要为敢抓敢管、敢于担当的一线工作人员撑腰鼓劲，加大容错纠错、澄清保护力度。统筹安排一线工作人员轮休、调休、补休。在不影响正常防控工作的前提下，各地各单位要统筹安排工作力量，采取轮休、调休等方式，保证一线人员及时得到必要休整。落实一线工作人员临时性工作补助等政策。同时，大力总结、宣传、表彰一线先进典型，推动形成学习先进、争当先锋的浓厚氛围。

三、案例分析

(1) 积极关注幸福管理理念的“人性优势”。近些年来，幸福感研究的兴起及丰硕成果为管理模式改革提供了新的动力。它们更强调人性的优点与价值，探索美好的生活以及获得美好生活的途径，目的就是要开发人的潜力、促进人的活力、激发人的创造力，并探索人健康发展的途径。幸福人假设能够反映出人性的根本，即人生活、工作最本质追求和终极目标。每种人性假设的背后都反映出那个时代影响人们幸福感的主要因素。浙江省政府通过“一图一码一指数”的职能网络，及时、有效地公布疫情动态，提升了人们的安全感及信任感。同时，多措并举的重点对象精准帮扶，增加了个体的关系连接，切实地使人民感受到了政府在身边、国家在身边。

(2) 心理取向转变，为心灵“戴口罩”。幸福感是一种状态类的、具有伸展性的积极心理能力，是能够被开发和提高的。幸福感是抵御员工心理疾病的积极途径。心理健康的主要目标是促进个体的主观幸福感，不仅是对消极的心理疾病的预防矫正，更注重培养人们的积极心理品质。提升幸福感应该是心理健康教育的主要目标。为了确保医务人员、基层一线工作者的身体健康及心理健康得到保障，浙江省委组织部联合出台《进一步激励关爱基层党员干部和医务工作者在疫情防控一线担当作为的八项举措》，综合采取政治激励、组织激励、工作激励、精神激励等多种形式，激励基层党员干部和一线医务工作者。

四、案例拓展

基于幸福人的人性假设及幸福感的可塑造性所提出的幸福管理是人本管理的基本实现。那么如何能更好地实现幸福管理呢？

（1）增加自我效能感。

人们对自己能够完成某一特定任务的可能性的估计就是对其自我效能的估计。成功的体验会使人们更加相信自己的能力，建立起强大的自我效能感，从而提高幸福感。面对新的工作目标时，组织应给员工提供相关工作任务的信息，如任务特征、复杂程度、任务环境等，并通过指导使其更好地控制这些因素，制订完成目标的工作计划，提高员工的工作能力并恰当地运用能力去完成工作。企业应运用组织内外的资源尽可能地帮助员工按照工作计划达到目标，使员工有更多的机会体验到成功。

（2）关爱员工生活，促进工作与家庭的平衡。

对大多数人来说，工作只是生活的一部分，员工只是每个人众多角色中的一个，而另一个重要的角色就是家庭角色。随着社会的变迁、生活节奏的加快，工作与家庭的角色冲突给员工带上了沉重而又必须承担的枷锁。工作与家庭的冲突会在员工的生理、心理和精神上产生消极影响，会导致员工情绪低落、消沉，养成酗酒等不良生活行为，从而逐渐影响到员工的生理健康，而且还会影响到员工的心理幸福感、生活满意度和家庭归属感等方面，同时直接导致员工精神压力增加。很多心理学家将不良的家庭气氛视为持续性应激性生活事件，损害了员工的身心健康，阻碍工作效率的提高。

五、案例思考题

1. 浙江的哪些战“疫”手段体现了幸福管理？
2. 在疫情期间，你认为还有哪些手段能提升“幸福感”？

案例二

企业儒学的探索——固锝公司的幸福管理密码

一、案例导读

苏州固锝公司创立于1990年11月，2006年11月于深交所上市，成为中国二极管制造行业的首个A股上市公司。固锝董事长吴念博曾提出“建设幸福企业”的构想，即要把企业当作“家”来爱护和经营，把所有的员工当作“家人”。固锝通过承续传统的家文化，以精细化、规范化的幸福企业执行体系增加员工参与的积极性，员工对企业产生了依恋和热爱，使劳资关系更为和谐，企业氛围更为融洽。这样的“拟家庭化”组织既维护了自身秩序又满足了员工的情感需求，具有强大的生命力。

二、案例正文

就像管理学大师麦格雷戈所指出的：“企业氛围并不是由政策及流程决定的，也不是由管理者个性决定的，而是由管理者根据自己的管理理念及对人性本质的基本假设所不经意间流露出的日常行为所决定的。”吴念博以真切的“初发心”在人文关怀、人文教育、绿色企业、健康促进、慈善公益、志工拓展、人文真善美、敦伦尽分八个模块上，从开始到现在全方位、全过程渗透“家文化”的核心内涵，努力实现让员工幸福和客户感动的企业价值。

人性化管理层层深入——人文关怀、人文教育、健康促进

人文关怀虽然始于1991年，但其在公司发展过程中不断完善，现已形成个性化的关怀体系。苏州固锝在公司内部倡导“家”的氛围，利用制造企业中最基层的组织形式——班组，提出了幸福班组制度，即以七八个成员构成“小家”，并在每月按期评选“幸福班组”和“幸福领班”以促进班组成员相互关心，同时激励领班去关怀本组员工，让其体验到家的感觉。此外，固锝还建立了一系列的人文关怀制度——新员工入职导览式培训、新员工座谈会、幸福午餐、心理疏导、志愿者走入员工家中、关爱离职员工的就业和生活、丰富员工业余生活（设立棋社、影视社、运动社，开展各项环保游、健身等娱乐活动）等。

人文教育是幸福企业之根本，必须在人文关怀的基础上提升员工的道德理念，在人文关怀的基础上再开展人文教育，即“人文关怀为基础，人文教育做提

升”。归纳而言人文教育的内容可分为三个层面：其一，家庭教育；其二，工作教育；其三，公民教育。应在关爱员工的同时教给员工做人做事的道理。在具体推行的教育形式方面，固锝认为，教育可以分为三个方面：境教、言教、身教。现代社会发展的一个重要推动力量来源于企业，企业已经成为社会的中坚力量，我们要充分担当起企业的社会责任，创绿色企业、学习型企业、幸福企业的典范，最终实现“家”的共同愿景。

“上医治未病”是20世纪80年代世界卫生组织提出的健康促进理念，人的健康以及寿命的长短与人的生活环境以及行为习惯息息相关。因此，提升员工的健康意识，改善工作环境，对巩固幸福基石至关重要。固锝为此开展了一系列健康促进举措，定期开展健康讲座，提升员工的健康意识；倡导健康、文明、低碳的生活习惯，鼓励员工戒烟，养成良好的饮食习惯；设立幸福医务室，建立员工健康档案，让员工可以随时享受健康护理；美化厂区环境，逐步改善工作环境；定期开展对特殊岗位和特殊人群的健康检查等。

企业发展路径提档升级——绿色企业、慈善公益、志工拓展

固锝在经营生产中秉持4G理念，即绿色设计、绿色采购、绿色销售、绿色制造。在固锝，环保理念已经在员工心中扎根，固锝已形成一条个性化的绿色发展道路。例如，通过工艺改善、循环利用、善用自然冷源，公司节约了大量电能。同时，固锝投入600多万元进行废水处理设备更新、改良废水处理工艺及回收使用技术，大大减少了废水的排放；并通过每周3天健康的低碳餐，引领公司全体“家人”体验绿色低碳饮食观念，改善员工的身心健康。

固锝倡导人人都是志愿者的服务理念，积极培养公司志愿工作者以及幸福推广志工。公司志愿者是幸福企业八大模块的实践团队，幸福志工的职责是义务协助更多的企业、社区、学校等创建幸福典范，引导更多行业懂得以员工的幸福为第一要务，同时知道如何去落实。固锝期盼引领更多的企业、社区、医院、学校等团体都开始真正落实幸福的理念并承担社会责任，让我们的社会更加和谐幸福。例如，建设心灵工程，精心设计志工培训课程，让准志工有心理上的认知。同时，数百位公司志工活跃在各个岗位中，以身示教传播内求、利他的志工精神。对于弱势群体而言，物质的帮助是暂时的，心灵的抚慰更重要。固锝志愿者期盼每个人伸出援手帮助需要帮助的人，用自己的点滴付出，换得更多人的幸福，让这个世界充满爱和温暖。

以点带面渗透圣贤文化——人文真善美、敦伦尽分

固锝创建幸福企业典范，不只是希望自己做好，也希望中国乃至世界的企

业以及其他团体都共同携手,因此在创建之初,即通过人文志工进行文字、照片和影像的记录,为全面推广做好文档及相关资料的储备。为此固锝建立了六大中心,首先通过采编中心为幸福企业的成长记录历史,总结经验,体现为幸福企业的定期周报、月报、季报、年报,文字、照片、影像的全方位记录。其次,通过主题中心持续记录爱的足迹,引导员工乐于奉献、服务他人、回报社会;展开人品典范、人文典范的报道与主题分享。同时,通过宣传中心从平面到立体,利用报刊、海报、公司网站、固锝电视台等全方位记录固锝在幸福企业典范创建中的成长历程;并由培训中心负责人文真善美志工的专业培训与交流,行政中心负责人文真善美志工有形、无形资产的管理与使用,以及志工的关怀与资料等相关事务的管理。最后由企划中心负责宣传企划落实真善美的主题活动,整合与运用各项真善美的资源。

每一个人到这个世间,都有自己的责任和义务。无论是在社会、家庭还是在自己工作的公司,人人都应该承担起自己应尽的职责和义务。尤其在一个企业大家庭中,每个人都应把自己对公司、对部门、对工作的一份热爱化作一份敦伦尽分,用恭敬心、感恩心以及责任心去完成好每一项工作。

三、案例分析

管理的根本目标和终极意义是追求幸福最大化。幸福是人类一切活动的终极目标,幸福具有终极性。从这个角度说,管理的终极之善是改变人们的生活,使人获得幸福与快乐,故这种新的管理理念应称为幸福管理。

(1) 人本管理理论。人性理论先后有经济人、社会人、自我实现人、复杂人四种假设。这些人性假设分别以物质利益、自我归属感、成就感以及多样化需求来获得幸福感。但它们只片面地指明获得幸福的手段和过程,没有探索追求幸福本身最大化的手段和途径。固锝明确自身价值定位,始终以社会和谐及员工幸福为工作愿景,为员工提供无微不至的关怀。例如,设立专项用于困难员工抚慰的"竹筒岁月基金",为全体外地员工租住标准化公寓,并努力解决外地员工子女上苏州公办学校的入学难题。此外,创办"幸福爱心园",提供学习场地,让员工子女放学后在公司得到专人照顾,解决双职工的后顾之忧。

(2) 将企业发展与员工培养结对,采取物质激励与精神激励相结合的薪酬方式。固锝努力追求薪酬、福利的双重保障。在公司起步发展有了利润之时,固锝会尽力提高员工的工资水平,并设立员工关爱补贴、员工子女关爱补贴、工龄补贴等多类补贴。固锝还设立提升性培训福利,以提高个人能力为初心,加强员工自信以及对企业的认同感,并在个人道德层面,加强四心即孝心、恭敬心、责任心、真诚心的培训。

（3）从客观效用到主观幸福。美国经济学教授理查德·伊斯特林在1974年发表的题为《经济增长可以在多大程度上增进人们的幸福》一文中提出了一个著名的悖论，即收入和幸福之间不存在明显的正相关关系。在伊斯特林看来，收入确实是带来幸福的重要因素，但不是唯一因素。固锝公司目前近2 300名员工中，工龄20年以上的老员工有68位，15～20年工龄的有85位，10～15年的员工有1 217位，5年以上工龄的员工占近50%，尤其考虑到在2005年年底公司上市之前只有882名员工，而当时生产制造业的员工离职率将近25%，就不难发现固锝长期以来始终有着较高的员工满意度，劳资关系相对和谐。

四、案例拓展

固锝拟家庭化的企业组织形态可以让我们借鉴与学习，“新常态”经济下，企业已经成为社会的中坚力量，我们想创造一个和谐美好的幸福社会，选择创建幸福企业是一个很好的尝试。彼得·德鲁克认为作为企业必须解决三个问题：第一，作为一个机构，公司如何运作和生存？第二，作为一种社会形式、“人的组织”，公司如何能够满足其员工的愿望和信仰？第三，公司之于社会的责任，即公司的社会功能，如何通过企业组织维系社会的稳定发展？他认为必须同时考虑三方面的问题，才能实现各个领域的政治和谐。

（1）企业管理以幸福最大化为终极目标。

长期以来，财富最大化一直是企业追求的主要目标。然而，现实已经表现出越来越明显的消极的一面。财富的增加，往往伴随着更多的困惑。英国《金融时报》曾发表文章说：“20世纪50年代以来，人类虽然创造了大量财富，但幸福并未增长。加速经济增长并非值得我们为之做出巨大牺牲的目标。特别是，我们不应该牺牲最重要的幸福源泉，即人际关系的质量。在追求效率和生产力增长的名义下，我们在这方面已做了太多牺牲。”“幸福最大化”是针对当前人们热衷的“财富最大化”而提出的一个新理念。“幸福最大化”这一目标的提出，为企业明确了前进方向。企业通过幸福这一桥梁，更容易建立起优良的企业文化，形成普遍认同的价值观。不论企业文化、价值观的外在表现有何不同，只要在核心层面立足于幸福，将具有更鲜活、更长久的生命力。

（2）协助员工实现工作和生活的平衡。

随着社会的变迁及生活节奏的加快，工作与家庭的角色冲突给员工带上了沉重而又无法摆脱的枷锁。根据调查，对于“80后”“90后”新生代职场大军而言，工作和生活的平衡是他们最看重的职业目标之一。他们追求开心，他们不介意工作压力。但同时，他们希望工作有灵活性。企业要让这一群人幸福，必然要将他们所看重的生活品质纳入提升员工工作品质的考虑范畴。事实证明，来自上司和同事的帮助、做自己感兴趣的事、温馨舒适的工作环境、现代化的办公工具、适当的假期等都被“80后”“90后”认为是非常有助于帮助他们获得工作和生活的平衡的管理举措。

(3) 帮助员工培养可转移技能。

员工幸福感的基础是对工作本身的胜任，一个无法适应和胜任工作职责和要求的员工是很难从工作中获得幸福感的，他们更多体验到的是挫折、自我怀疑、自暴自弃等消极情感。“学历＋工作经验”历来被视为职场人士胜任工作的两件法宝，但在知识经济日益发达的今天，许多用人单位对二者的要求已显模糊，而对员工可转移技能的要求正在日益凸显。美国作家劳拉·布朗认为，可转移技能是指“那些不会随工作更换而改变的技能。如组织能力、解决问题能力、领导能力、说服能力、协商能力、调整能力等”，即在一个领域或工作中掌握的技能也能适用于其他领域。可转移技能是一个人的终身资产，不论他身处何地，这一能力都将令其受益终身。员工的可转移技能有很大部分是从工作中获得的，比如积极上进的工作态度、开放的学习心态等。企业文化、组织结构、沟通规则、领导风格、团队氛围、职业培训等因素在员工可转移技能形成的过程中均起着潜移默化的作用。可见，企业若能从各个方面为员工可转移技能的提升创造机会和条件，无疑对人才的吸引力会大大增加。

五、案例思考题

1. 如果你是固锝公司的老板，你有其他提升员工幸福感的策略和手段吗？
2. 固锝公司管理模式有什么优势和特点？
3. 你从固锝公司幸福管理模式中获得了哪些感悟？

案例三

万科：企业文化从“情”出发

一、案例导读

万科集团1988年进入房地产行业，1993年把大众住宅开发确定为公司核心业务，业务覆盖到以珠三角、长三角、环渤海三大城市经济圈为重点的31个城市，成为全国第一个年销售额超千亿的房地产企业。自创建以来，万科一贯主张“健康丰盛人生”，重视工作与生活的平衡；为员工提供可持续发展的空间和机会，鼓励员工和公司共同成长；倡导简单人际关系，致力于营造能充分发挥员工才干的工作氛围。万科秉持“尊重员工，把人当作第一要务”的理念，满足员工自我实现需求，并构筑了稳定的人才队伍梯队，促进公司的可持续发展。

二、案例正文

1984年万科成立时，其员工手册上有这样一句话：“人才是一条理性的河流，哪里有低谷就流向哪里。”万科的成功离不开对员工的尊重。万科的管理者认为做人要诚实，要有尊严，那么企业也要培养尊重人的企业文化，为优秀的人才创造一个富有激情、轻松和谐的工作环境。

自上而下：总裁与新员工开放式沟通

万科在新员工培训中有一个重要的环节，就是和总裁郁亮座谈。这意味着，全集团每年入职的上千位员工，只要来集团培训时郁亮在公司，就有机会跟他进行一个半小时的座谈。这也意味着，这位千亿企业的老总，每年不仅要在开年时站在门口给员工发红包，在各种会议上向员工传达自己的思想，他还要每个月面对一批又一批的新员工，向他们重复自己的人才理念，回答他们千篇一律的问题。郁亮会对新员工说：“工作要快乐，因为万科的工作量很大，很辛苦，如果你不快乐，那你会很难受，与其这样，还不如离开万科。”这种来自最高管理层的坦诚和开放式的沟通，不仅增强了员工的凝聚力，也提高了员工的责任感。此外，全体员工会观看由郁亮主持的“目标与行动”沟通会，让员工了解到企业的目标。通过“万科TV”平台，员工也可以经常看到王石和郁亮在各类场合的讲话。正是这种直接，让员工感受到管理层的坦诚和开放，让万科人坚守着高强度的工作，任劳任怨，天天加班却从不谈加班费，因为万科人追求的是自我实现、自我突破的快乐，而不是短期的得失。

强投入高信任：独树一帜的人才机制

万科号称地产界的黄埔军校。万科寻找人才、吸引人才的法宝，首推的是公司本身的发展所能给员工提供的众多机会。在地产行业，很多公司的资深员工会遇到职业发展的瓶颈，但万科会给他们跨职能发展的机会，使他们获得更大的舞台。万科在各城市的负责人有财务出身的，有设计出身的，甚至还有人力资源管理出身的，这在其他公司非常少见。其次，万科敢用年轻人，员工有工作一年就做项目营销经理全面操盘的，有毕业不久就做教育板块总经理的，类似例子不胜枚举。万科相信人的价值观和潜能大于相信他目前的经验和知识，所以万科选择有能力且符合企业价值观的人，让他们在新的岗位上迅速积累经验和掌握知识。同时，万科投入大量的时间培养员工，除总部组织的多种培训外，子公司自己也会开发系列课程，管理团队会亲自参与课程设计、学员选拔并担任课程教练。

涓涓细流：渗透式员工关怀体系

万科自成立以来一直强调工作与生活平衡的重要性，提倡员工应拥有健康丰富的人生，对于员工工作外的生活，公司从不干涉，反对员工在家人患重病时上班或自己带病上班。在内部管理上，万科也很注重平等的交流，建立了集团内部论坛、内部网，在各级经理和职员之间建立了12条沟通渠道，并明确地写进《职员手册》里。数十年的发展历程里，万科始终坚持着自己的价值观：对员工永远尊重，追求开放透明的体制和公平回报。曾有同行出很高的薪酬到万科挖人，但都是无功而返。因为这些优秀的人才认为，虽然在万科的工作强度大、节奏快，但是没有心理上的负担，活得有尊严，不会因为公司的利益使自己的职业生涯遭遇道德风险。对主动选择离职的职员，万科认为公司应予以尊重和理解，并且允许离开的员工再回来，因此万科有不少职员都是“几进几出”。

万科最初的《职员手册》上，以为员工提供理想的终生职业为己任，鼓励员工长期为企业服务。后来，这一条款改为公司为职员提供可持续发展的机会和空间。如今，万科的口号是——鼓励职员长期服务，反对终身雇佣制。万科的这种以尊重员工为首要任务，给员工充足的自由选择和发展空间的企业文化，使万科形成了公平开放的企业环境，不仅没有造成优秀人才大量流失，反而吸引、培养并留住了一批优秀人才，并构筑了一支属于自己的相当稳固的职业经理人队伍，从而使公司在同行业中更具竞争力。

三、案例分析

哈佛商学院教授罗莎贝斯·莫斯·坎特提出：尊重员工是人性化管理的必然要求，是回报率最高的感情投资。尊重员工是领导者应该具备的职业素养，并且尊重员工本身就是获得员工尊重的一种重要途径。这就是著名的“坎特法则”。

(1) 马斯洛需求层次理论。马洛斯的需求层次理论中提到，人的需求是遵循生理需求、安全需求、归属与爱的需求、尊重需求以及自我实现的需求的顺序逐级提升的。人只有在低层次的需求被满足后，才会发挥主观能动性，更安心地工作，更愿意付出，从而达到自我实现的目标。在企业里，员工的生理需求和安全需求都很容易被满足，但归属与爱的需求和尊重的需求却很少得到满足。万科尊重每一位员工的个性，尊重员工的个人意愿，尊重员工的选择权利；所有的员工在人格上人人平等，在发展机会面前人人平等；万科提供良好的劳动环境，营造和谐的工作氛围，倡导简单而真诚的人际关系。

(2) 适当授权而不放任。万科秉持“人才是万科的资本”的用人理念，使员工和公司、客户、合作伙伴之间一直保持平等、双赢的关系。在万科，一线公司拥有很高的自由度和权限，以便应对当地市场的激烈竞争。事实上，万科一线公司的运营自由度相当大，不仅体现在对具体项目的判断和运作上，甚至各个一线公司的组织架构都可以是不一样的。王石在管理上，一直都是做到敢于放权，积极放权，锻炼企业整体的自我管理能力，让一线分公司能将整个企业的核心竞争力快速复制开来。信任作为授权的重要因素之一，在万科对各级人员的任上能得到充分体现。

(3) 灵活性多样化的员工参与形式。员工参与管理，就是指在不同程度上让员工和下属参加组织的决策过程及各级管理工作，让下级和员工与企业的高层管理者进行有效沟通，参与研究和讨论组织中的重大问题，使他们感到上级主管的信任，从而体验到自己的利益与组织发展密切相关而产生强烈的责任感。例如，万科建立了集团内部论坛、内部网，在各级经理和职员之间建立了多条沟通渠道，帮助员工针对公司发展意见及时提出个人意见和看法。同时，权力下移也变相提供了员工的参与机会。

四、案例拓展

坎特法则给我们的启示是：管理者应以尊重员工为首要任务。员工只有感到自己的私人身份被尊重了，才会真正感到被重视，工作起来才会真正发自内心，才愿意和管理者打成一片，站到公司的立场，主动与管理者沟通想法，探讨工作，尽心尽力去完成自己的每一项工作，心甘情愿地为争取团队的荣誉而付出。

万科公司给自己的定位是：做中国地产行业的领跑者。万科对内平等，对外开放，致力于建设“阳光照亮的体制”。万科把人才视为资本，倡导“健康丰盛的人生”，万科企业文化案例为业界所推崇。万科的企业文化一直坚持简单、规范、透明。万科绝不会要求员工在公司内外采用不同的价值标准和行为准则。万科秉持“人才是万科的资本”的用人理念，使员工和公司、客户、合作伙伴之间一直保持平等、双赢的关系。数十年来，万科一直保持行业领跑者的地位，实现了企业的稳定发展，而其中起到有力支持因素的就是万科的企业文化。万科重视工作与生活的平衡，为员工提供可持续发展的空间和机会，倡导简单人际关系，致力于营造能充分发挥员工才干的工作氛围。通过不断的探索和努力，万科建立了一支富有激情、忠于职守、精于专业、勤于工作的职业经理人团队，形成了追求创新、不断进取、蓬勃向上的公司氛围以及有自身特色的用人之道。实践证明，万科的企业文化所展现的用人原则是万科多年来稳步发展的重要原因。

为什么万科总部的控制力如此之强？除了制度的完整严谨，更重要的是万科有尊重制度和做事按程序的企业文化。国内大部分企业缺的不是制度，而是制度的执行。万科的人事管理制度，90%是国企那一套，但却取得了国企所没有起到的效果。关键就是公司“忠实于制度”“忠实于流程”的价值观和企业文化，确保了制度与规范得到自觉和充分落实。

五、案例思考题

1. 万科企业文化有哪些可借鉴之处？
2. 坎特法则如何体现在万科的人才机制中？
3. 万科作为老牌房地产企业，需要在哪些方面与新环境接轨？

案例四

中国移动：提升心理资本，赋能企业升级

一、案例导读

2009年是中国移动有史以来发展形势最严峻的一年，全球金融危机加速蔓延、行业重组形成复杂的竞争格局、通信运营商纷纷选择在江苏率先发力，使得江苏移动通信市场成为全国的竞争焦点。江苏公司深入贯彻落实科学发展观，坚持以人为本，全面实施员工帮助计划(EAP)，坚定信心，凝心聚力，迎难而上，不断探索与创新，纵深推进能力经营，持续提升管理效能，有效克服了全球金融危机与行业环境变化带来的不利影响，顶住了竞争的第一波冲击，实现了年度运营收入两位数增长的目标。

二、案例正文

中国移动江苏公司EAP项目的宗旨是："激情工作，健康成长"，运用积极心理学的知识，从员工的心理健康入手，通过改善员工的心理资本来实现员工的素质能力提升。基于这一思考和需求，江苏公司于2008年10月正式启动了全省范围内的第一阶段持续26个月的EAP项目，使EAP不仅成为员工的"减压阀"，也成为企业发展的"助推器"。

狠抓重点难点，强化组织管理

江苏公司成立了由公司领导亲自挂帅的EAP项目领导小组，各专业部门组成项目推进小组，加强EAP组织领导，推进项目的全面实施。省公司建立了月度巡回例会制度、跨区域资源调配机制、专项简报通报制度、EAP专题研讨会等一系列运行机制。其中，江苏公司通过在不同的分公司召开月度例会，深度分析当地员工心理健康状态及EAP在分公司落实情况，听取分公司领导对EAP的希望和建议，不断优化推进方式，使EAP真正融入公司管理，成为日常管理的有机组成部分。此外，各市分公司成立项目小组，建立一把手负责制，并确定EAP联络员，在项目实施过程中，及时掌握动态、联系沟通、推进实施。

实施"发现问题—分析问题—解决问题"三步走工作法

经过专家组的三轮调研与论证，最终筛选出由九大模块构成的EAP执行计划，即员工幸福指数测试、EAP电子小报、陶博士信箱、阳光热线电话、员工心

语小屋、团体快乐驿站、情商提升课堂、EAP科普专栏、温馨工作旋律等，旨在通过多种方式和载体，帮助员工提升心理资本，创新人本管理，助力企业发展。江苏公司EAP取得的实效证明上述九大模块的构架具有理论合理性与实践成效性，保证了EAP项目本身具有科学可行性与较强针对性。

兼顾区域差异，统筹分类指导

江苏素有苏南苏中苏北之分，地域文化差异形成了人的思维观念差异。作为涉及员工心理内隐的服务项目，EAP计划在推进过程中，必须要考虑分属南北中不同文化差异的员工的认知度与接受度。EAP专家团队根据不同地域文化、不同岗位员工面临的压力和诉求，采取定期集体备课的形式，制定符合实际、贴近现实、易于操作、惠及全员的EAP辅导主题以及培训方案，力求解决不同岗位、不同层次人员所面临的共同问题。为了让更多的员工接受和参与到EAP中来，项目组将团体辅导、团体咨询活动化整为零，深入基层、深入班组，并向县公司延伸，努力发挥“战地医疗队”的作用，让基层员工特别是县公司员工更直接地感受到公司的关爱和组织的帮助。

点面结合同推进，优势资源共享

为在全省各市、县分公司同步开展团体辅导、个体咨询及心理健康培训等活动，确保各分公司EAP项目运作质量的同质性，江苏公司充分利用高校众多、资源丰富的优势，与项目合作方在全省组织一支由各高校心理咨询专家和各市分公司联络员组成的EAP服务团队，以项目合作方为支撑、驻地咨询师队伍做协同，实现资源统一调配、覆盖全省的“一点支撑、多点覆盖、同步推进”的EAP实施模式。它既解决了江苏公司参与项目人多点广的难题，又体现了江苏公司精于管理的特色。

江苏公司通过实施EAP项目、创新人本管理，形成了员工主动呼应增值心理资本、管理者应用新工具增强管理绩效、企业和谐稳定增添发展活力的良性循环，为保障公司在激烈的市场竞争中延续稳定健康均衡发展势头提供了精神动力与智力支持。

三、案例分析

(1) 实施柔性管理新方略。中国移动的大多数基层管理者主观上有着强烈完成任务的愿望，但缺少恰当的方法与手段，只注重结果，不注重对基层的培训和指导，对员工缺少正向激励和情感关怀，客观上加大了员工的心理压力，使得员工的工作效率不高，员工满意度呈下降趋势。江苏公司通过实施EAP项目，推动人本管理方法融入公司运营管理，营造积极的组织环境，运用心理学的科学方法与工具，使员工和基层管理者参与到EAP活动中，建立起健康的心理基础并增值心理资本，促进基层管理者与员工有效沟通，提升员工组织认同感，帮助基层管理者找到解决现有管理体系“说不清，道不明”的柔性管理抓手。

(2) 压力管理理论。中国移动在充分了解压力源、症状的基础之上，监督、疏导与控制压力源所带来的负面作用，并积极寻找将其转化为正面因素的管理策略。在当前快节奏、高运转的工作环境下，过度的工作压力已成为一种普遍的反生产力因素，压力所带来的一系列生理、心理、行为问题使中国移动公司探索出多样化的压力管理策略。例如，为员工在家庭功能、交往焦虑、自我效能、职业倦怠等方面进行“心检”，并针对测试结果进行电话回访，实施个体心理咨询项目并举办形式多样的团队心理辅导活动。

(3) 采取长期EAP和短期EAP相结合的方式。中国移动江苏公司针对周期长、效用强的政策提供长期性EAP服务，针对阶段性问题应对采取短期EAP服务。中国移动江苏公司会针对员工进行短期培训和团体辅导，并开设个体咨询、网上咨询业务，专设家庭咨询和热线咨询专线，并针对员工表现开展阶段性和总体性评估，鼓励员工在公司平台上自我成长。

四、案例拓展

面对全业务竞争的巨大压力和企业发展的要求，中国移动江苏公司通过实施EAP项目，帮助广大员工在新的竞争形势下，主动应对压力，保持激情和活力，为公司健康发展做出了积极贡献。首先，从员工个人维度，借助EAP服务可以有效帮助管理者掌握改善与员工的沟通方法，有些基层管理者还会主动提醒员工寻求EAP的帮助，引导员工以积极的情绪投入工作，激发团队活力和激情，促进工作绩效提升。调研结果表明，一线员工的精神面貌发生了较大的变化，抗压能力明显提升，能更加积极主动地投身到工作中去。

其次，在企业维度，EAP服务助推公司企业文化落地。这类服务加强了员工对企业的认同感，增强了员工对企业的忠诚度，使员工在心理上产生了一种凝聚力。同时，包含半结构化访谈、高层访谈、中层访谈、一线员工访谈在内的沟通收集了全体员工对公司政策计划的态度和建议。EAP——“员工帮助计划”是一项长期的工作，前期强大的宣传工作必不可少，随后的坚持不懈更加重要，只有两者结合，才能让全体员工从项目中真正受益，并对员工队伍的建设起到“润物细无声”的效果。

中国移动利用为员工设置的一套系统的、长期的支持系统，通过专业人员对组织的诊断、建议和对员工提供的专业指导、培训和咨询，帮助员工及其家庭成员解决了各种心理和行为问题，提高员工在企业的工作绩效，让员工真正成为一个社会的人，让企业成为真正寻求社会帮助的企业。

五、案例思考题

1. 中国移动员工帮助计划出发点是什么？
2. 中国移动员工帮助计划实施初期可能面临哪些困难？
3. 中国移动员工帮助计划包含哪些内容？

案例五

自由、开放、民主、平等——谷歌的企业文化

一、案例导读

谷歌(Google)自1998年成立以来,面对变化迅速、创新需求增大的互联网产业,它从一个由斯坦福大学两位没有毕业的博士生创办的小公司,发展成了市值超过10 000亿美元的大型企业。谷歌公司被福布斯评为2015美国最佳雇主单位,谷歌公司也曾被评为美国人最想进入的公司之一,曾经被印度《经济时代》评为最适宜最佳工作公司。谷歌的文化是创新的根本源泉。谷歌文化的核心是“自由、开放”,同时这种民主、平等的氛围让公司与官僚式管理远离,提高了企业持续发展的创新动力。

二、案例正文

谷歌公司的成功来源于谷歌公司的文化特色,年轻且充满活力,具有特色的企业文化同样会让员工更具凝聚力与竞争力。企业文化犹如每家公司独特风景,独一无二且难以复制。这种文化并无速成法则,而是需要经过若干年发展沉淀,好像每人的独立标签,在谈吐举止间自然流露,文化也是企业的一种独特魅力。

开放自由的文化氛围

在像游乐园一样的谷歌公司办公室里,巧克力、懒人球(一种座椅,球状)以及巨型积木随处可见,往来于办公室之间的员工踩着电动滑板车,根本不像是一个高速运转的科技公司。此外,还有一些可随处休息的沙发,有健身中心,办公室内墙面颜色搭配明亮舒服,办公楼外面还有排球场、篮球场等,让在办公室的人感到舒适。正是这种自由、开放的氛围,激发了谷歌员工无限的创造力和创新的热情。在谷歌,工作就是生活,轻松愉快的工作环境成为创新意识的孵化器,造就了无穷的创造力。后勤服务方面,谷歌有餐厅、洗衣房、上下班班车等。根据印度《经济时代》的文章,谷歌公司提供员工免费午餐,而且在谷歌公司午餐种类多样,有不同国家、不同风味餐饮或特色美食,提供免费班车上下班,交通工具有无线网,在车上也可以免费上网。在谷歌工作就是在生活,轻松愉快的工作环境,也让谷歌员工在办公室就犹如在家里的大客厅一样舒适。

建立员工互助平台

首先，沟通与扁平化是谷歌公司文化特色之一。在谷歌公司，管理层与普通员工共进午餐，经常沟通，让谷歌公司的工程师、产品开发人员，以及所有普通员工有更多的被尊重感。谷歌公司职位强调服务意识，同时满足员工的各种需求或要求，尊重每个员工与扁平化沟通管理是谷歌公司吸引与留住人才的文化特点之一。

其次，谷歌为鼓励员工创新，一直以来都希望创造一种氛围，让员工可以聚在一起，通过各种出人意料的方式展开创新。正如一位高级主管所说："我们努力保持尽可能多的表达渠道，让不同的人和不同的创意都能以不同的方式展示出来。"这些渠道包括：① Google Cafes。这个项目鼓励员工在团队内部或团队之间展开互动，在工作和休闲中实现对话。② 直接向任何公司领导人发送邮件。③ Google Moderator。这是一款由谷歌工程师设计的创新管理工具，它的想法很简单：每当要开展技术讨论或召开公司会议时，任何人都可以发问，然后由其他人投票选择自己喜欢的问题。④ 在 Google＋中展开对话。⑤ TGIF。这是谷歌每周的全体大会，让员工可以直接向最高领导发问，可以涉及任何公司问题。⑥ GUTS 项目。该项目可以提供一个渠道让员工提交任何问题，然后对问题的状态进行评估。⑦ Fixits。这是一个历时 24 小时的项目，谷歌员工可以放下一切工作，集中所有的精力解决某个特定问题。⑧ 内部创新评估。这是一系列正式会议，由各个部门的管理人员将其所在部门的创意提交给最高管理者。

坚持 20/80 法则，打造创新团队

谷歌在创新时间上的管理被称为 20/80 法则，所谓 80 是指一个工程师 80％的时间会用在谷歌的核心业务上；20 是指除了 80％的时间外的 20％的时间，员工必须要用在创新上，做自己想做的创新工作。将工作时间的一部分专门用于核心业务之外的创新活动，在很多公司是很少见的。此外，谷歌创新的成功还离不开小团队工作方式。在谷歌公司内部，划分了若干 3～5 人小团队，相比较大团队来说，三五人的小团队更能激发员工创新想法。谷歌公司内部网络平台上，不同部门的员工可以随时交流沟通，随时分享好点子好想法，无论是产品创意，还是用户体验反馈都可以。小团队的工作方式看起来平常，其实却蕴含着深刻的道理：在有 3～5 人组成的小团队中，容不得个别"聪明人"再浑水摸鱼，必须全力以赴才能被大家认可。在激发了全体人员创造力的同时，进行小范围的绩效考核，所得的结论就会更加客观。正是这种小团队的工作方式，实现了谷歌著名的“自下而上”的创新。这种创新方式给谷歌带来了很多新奇的点子，带来了新鲜的创意和活力。

三、案例分析

（1）组织文化四层次理论。美国学者沙因曾将组织文化分为表层的物质文化、浅层的行为文化、中层的制度文化和深层的精神文化四个组成部分构成的冰山式结构。精神文化是组织文化的核心。谷歌更是注重深层次精神文化的塑造，在创新实践中形成了“心无旁骛、精益求精”“没有西装革履也可以很正经”“没有最好，只有更好”等十条价值观。李开复从微软跳槽到谷歌，他亲身感受到这家公司的文化是：一群穿着短裤的年轻人对新技术创新有极大的热情；对诚信的追求近乎执着；员工之间关系平等、自由和透明；先让客户满意，暂时不赚钱也没关系等。

（2）企业文化功能。从谷歌的企业文化中，我们可以总结出企业文化具有以下功能。首先，激励功能。谷歌积极向上的理念和行为准则为企业成员所接受，使企业所有员工从内心深处产生一种奋发向上的精神，从而调动他们的积极性、主动性和创造性。其次，凝聚功能。谷歌在员工工作环境的随意自如、内部管理的人性和谐以及对于人的存在和权利的尊重已经深入到公司文化的血液和骨髓中，从根本上保证了企业内部人际关系的和谐、稳定和健康，增强了谷歌内部的凝聚力。谷歌利用企业文化的导向功能把员工引导到企业所确定的方向和目标。最后，规范功能。谷歌通过潜移默化形成的群体道德规范和行为准则，表现为谷歌价值观之“十大真理”。

（3）亲和型领导风格。该领导风格注重员工间的友好互动和团队的协调发展，致力于满足员工的个人需求，注重员工士气鼓舞，最终实现个性发展。例如谷歌公司管理层与基层的零障碍沟通，并且在会议上保证基层人员的基本发言权。员工被鼓励问问题，说出他们的想法。一位谷歌人说：“我的导师在我第一天说‘不要害怕问问题——你不必给我留下深刻印象’时，为我创造了心理安全。”努力建立和保持一种开放、诚实的沟通文化，定期提供并寻求有建设性的反馈，这种创业思维以及扁平化的组织结构以“价值增值”的方式确保共享的领导地位，实现了员工畅所欲言、自由表达自我观点的工作环境。

四、案例拓展

（1）谷歌首先建立了适合自身发展、有特色的企业文化。社会是多元的，每一个企业都是风格迥异的，文化务必要与企业自身的实际相适应，不能一味地临摹、克隆别家文化。

(2) 企业文化是在企业家的倡导下形成的，只有当企业家倡导的价值观念和行为准则为企业成员所认同并普遍接受时，企业文化才能在真正意义上形成。谷歌的创始人谢尔盖·布林曾经说过："我们公司的创造力就是我们的员工。我们以后如果遇到瓶颈，那一定是我们没能以足够快的速度雇到最聪明、最能干的员工。所以，我们必须要对员工负责，让他们长期留在公司，为公司服务。"因此谷歌致力于和谐健康的办公环境及各种管理制度，留住了大批量的信息技术方面的顶尖人才。

(3) 在一个企业中，存在许多的部门，每个部门也许都有自己不同的理念、价值观、管理思想和管理制度等，企业文化应该包容各部门的子文化。谷歌在世界各地的分公司都有自己地域性的文化特色，没有固定的模式。

(4) 企业文化的丰富和完善是一个认识与实践不断深化的过程，也是一个不断淘汰旧文化、生成新文化的过程。谷歌模式也不可避免具有"瑕疵"。面临对手的快速跟进，他们所遭遇到的竞争会更大更强烈，需要迎接新一轮组织变革与管理升级的挑战。

五、案例思考题

1. 谷歌企业文化的特点和优势有哪些？

2. 面对变化迅速、竞争激烈的互联网市场，谷歌还需要在哪些方面进行革新？

3. 当前谷歌公司激励手段有哪些优势和不足？

案例六

松下幸之助的企业哲学观

一、案例导读

松下,是日本的一个跨国公司,在全世界设有230多家公司,员工总数超过290 000人。其中在中国有54 000多人。松下电器跨越了地区和社会,在40多个国家开展着企业活动。被誉为“经营之神”的松下幸之助不但创立了一个神话般的企业,而且通过对经营实践的总结和自己的感悟思考,提出了一整套具有独创性的企业伦理思想。他以富有“人情味”的管理赢得合作伙伴和员工的交口称赞;他首创的“终身雇佣制”等,影响了一代又一代的日本企业;他将伦理道德与文化信仰融入企业经营之中,提出的“自来水经营理念”“玻璃式经营法”等正被越来越多的企业学习和效仿。

二、案例正文

产业报国:幸之助企业目标伦理思想

松下幸之助认为,企业乃是社会公器,其目的和使命是为了人类和平、繁荣和幸福而存在。可以说,松下先生的这一观点,突破了经济学的“经济人”的假设,赋予了企业自身存在的更高价值,将企业与社会责任联系在了一起,颠覆了“追求利润最大化”的狭隘企业经营观,提出了超越自身的、卓有创见的认识:企业姓“公”不姓“私”。松下幸之助说道:“我们每个人都必须了解到,企业是全国国民所共有的财产和事业,只为了方便起见,才委托企业经营者来从事经营。”在松下看来,经营企业如同经营人生,我们首先应当明白企业为什么而存在?企业真正的使命又是什么?松下认为企业的真正使命是为了人类的和平、繁荣和幸福而存在。贡献社会是经营企业的第一责任,也是松下电器的真正使命。他说,作为社会的公司,松下电器有几万员工,举手投足都可能对社会形成一定的影响。我们必须以生产服务社会,为社会提供尽可能多的物美价廉的产品为宗旨。只有这样,我们才不辱使命,实现自身企业的价值。

共荣共生:幸之助企业经营伦理思想

企业是社会的“公器”,它是由经营者和员工、客户、同行、合作伙伴、社区等诸多利益相关者构成的“契约联合体”。它的生存和发展是这些利益相关者共同努力合作的结果，这就从根本上决定了企业“权益”必须在所有者和其他利益相关者之间进行合理的分配。松下幸之助的企业经营伦理思想较好地诠释了大和民族“和”的哲学思想，主张企业在处理与客户、同行竞争者(合作伙伴)、社区等利益相关者的关系中，要保持与对方共荣共生的态度，不能为了一时之利、一方之利，牺牲其他利益相关者的利益，从而破坏整个市场生态。他说，为了发展事业，企业就必须要靠消费者、买方、股东、银行等与自身有往来的组织或个人，甚至是一个地区、一个社会、一个国家，只有与这些对象共荣共存，形成良好的互动关系，才是保持企业自身持续长久健康发展的唯一方式。“如果牺牲有关系的一方来图谋自己公司的发展，是一件不可原谅的事，最后必会导致自我毁灭。”

以人为本：企业的员工观

坚持“以人为本”，是松下幸之助企业伦理的核心原则，也是松下电器之所以能够取得巨大成就的重要基础。松下先生认为，任何企业的发展和运作都有赖于企业中的主体——人，在某种程度上而言，企业是“人”的事业，任何企业的经营理念和管理方法都必须要以人为出发点。这就要求我们在企业经营过程中，尊重员工、关心员工、信任员工，并努力满足员工的需求，充分发挥员工的积极性、主动性、创造性，使员工实现自我发展、自我价值。首先，肯定人的主体性，视员工为主人翁，积极发挥员工的积极性，是奠定企业成功的最重要基础。企业经营绝不能仅仅依靠企业老总、经理、监督者等管理干部，而必须依靠全体员工，实现“集合智慧的全员经营”。人除了生理、安全、归属与被爱等需要外，还有尊重的需要。在企业经营活动中，经营者和员工之间要彼此认同各自的角色，并且相互尊重和信任。

三、案例分析

(1) 人本主义思想。人本主义强调以人为中心，追求物质和精神的满足，实现对人自身的回归。在松下电器发展的过程中，松下幸之助倡导“自来水哲学”，坚持生产人民大众都能够用得起的产品，让每个社会成员都能够享受到社会财富。他在企业经营会议上明确指出，企业利润虽然是企业发展必不可少的，但是，这不是企业生产的最终目的，如果坚持以利润作为最终目的，就不如解散企业，正确经营的基础是承担企业的社会责任。同样，他坚持“玻璃式经营”，主张所有的管理和经营，都要建立在对员工信任的基础之上，像玻璃一般清澈可见，不加掩饰，公开和透明。这些以人为本、民主管理的方式，都借鉴了西方的人本主义思想。

（2）“三力”模型。一是要注重企业经营者的“领导力”。企业经营者要有“素直之心”，“顺其自然”，乐观面对经营实践中的种种困难，满怀工作热忱和信心。二是要注重“人际关系力”的培养，以人为本，心胸宽广，主动倾听员工的意见，了解员工的需求，以情动人，以理判断；要让员工将公司作为自己的事业，明确知识不等于技能。三是要掌握“经营力”，遵循自然法则，推销企业经营的理念，以理念调动员工自身的积极性等。

（3）吸收传统儒家文化和道家文化精髓。松下幸之助巧妙地对儒家思想进行了改造，把儒家思想的“忠”“义”“和”“诚”“信”成功地运用于现代化企业管理之中，形成了独特的经济伦理思想。在其建立的“松下电器商学院”，就是以儒家传统思想“仁爱”作为核心价值体系，培育企业的员工。松下幸之助积极吸收儒家文化中的“为政以德”的思想，高度重视企业领导者的人格道德力量。除此之外，中国传统道家思想也对松下先生的经济伦理思想产生了一定的影响。比如“遵循自然法则，坚持天人合一，尊重自然规律”等，松下先生在企业经营管理中，主张要遵循自然法则，顺应天地自然，顺应时代变化。因此，在实践经营中，他主张政策方针要随时根据时代要求和社会日新月异的发展而不断进行调整，积极适应时代的要求。

四、案例拓展

在商人的眼里，他经营有方，事业兴盛；在俗人的眼里，他福寿两全，名利皆收；在文人的眼里，他“立德立言立功三不朽，为学为商为师一完人”。可以说，无论从哪个角度来看，被誉为“经营之神”的松下幸之助，都已经在日本的企业家心目中树立了一座不朽的丰碑。他不仅被当作日本企业家的标志性人物，他的企业伦理思想还在日本企业界广泛地流传并受到一定程度的“顶礼膜拜”，大家纷纷仿效，形成了具有较高辨识度的日本企业伦理精神。可以说，这也是在第二次世界大战战败之后，日本能够从“一片废墟”中迅速崛起的一个重要原因。

当然，松下幸之助的企业伦理思想也有其自身的先天性不足。比如，他把日本传统文化中的“家”理念、“集体主义”和“忠”的思想引入企业管理，首创的终身雇佣制、年功序列制等制度，在当时日本的动荡年代，的确稳定了员工的心，营造出了良好的企业氛围，也成功地被日本其他企业所广泛采用，为企业和日本的经济“起飞”做出了积极的贡献。但是，“终身雇佣制”带有明显的“封闭”色彩的“小农”思想意识，它不利于市场经济环境下人才的自由流动，不利于国际化下的社会竞争机制的运行，也不利于人力资源的市场化配置，从某种程度上说，是人力的一种浪费。同样，年功序列制度也在一定程度上带有强制性的团体意志和等级观念。一方面，它成就了员工对企业的忠诚度；但另一方面，年功序列制强调的等级观念不利于员工张扬个性、积极改革创新，在某种程度上，也同样扼杀着员工的想象力和创造力。实践证明，企业要保持持续发展，必须在激烈的竞争中不断创新，只有员工不受条条框框的束缚，才能不断推陈出新，不断创造出受人欢迎的产品，保证企业立于不败之地。显然，松下电器已经意识到了这一点，为适应时代，在 2015 年 4 月已经全面废除了年功序列制。

五、案例思考题

1. 松下幸之助的企业伦理思想有哪些优势和不足？
2. 为了实现企业的可持续发展，企业应如何适应时代实施改革？
3. 老牌传统企业在改革中主要存在哪些困难和阻碍？